Todos los libros de Linkgua Ediciones cuentan con modelos de Inteligencia Artificial entrenados por hispanistas. Pregúntale al chat de tu libro lo que desees acerca de la obra o su autor/a.

Para ebooks: Accede a nuestro modelo de IA a través de este enlace.

Para libros impresos: Escanea el código QR de la portada con tu dispositivo móvil.

Obtén análisis detallados de nuestros libros, resúmenes, respuestas a tus preguntas y accede a nuestras ediciones críticas generativas para una experiencia de lectura más enriquecedora.
La transparencia y el respeto hacia la autoría de las fuentes utilizadas son distintivos básicos de nuestro proyecto. Por ello, las respuestas ofrecen, mediante un sistema de citas, las fuentes con las que han sido elaboradas.

Anónimo

Cantar de mio Cid

Texto antiguo

Barcelona 2024
Linkgua-ediciones.com

Créditos

Título original: Cantar de mio Cid.

© 2024, Red ediciones S.L.

e-mail: info@linkgua.com

Diseño de cubierta: Michel Mallard.

ISBN rústica ilustrada: 978-84-9007-714-6.
ISBN tapa dura: 978-84-9007-194-6.
ISBN ebook: 978-84-9897-136-1.

Cualquier forma de reproducción, distribución, comunicación pública o transformación de esta obra solo puede ser realizada con la autorización de sus titulares, salvo excepción prevista por la ley. Diríjase a CEDRO (Centro Español de Derechos Reprográficos, www.cedro.org) si necesita fotocopiar, escanear o hacer copias digitales de algún fragmento de esta obra.

Sumario

Créditos	4
Brevísima presentación	7
Cantar de mio Cid	9
Cantar primero	11
Cantar segundo	51
Cantar tercero	93
Libros a la carta	145

Brevísima presentación

El poema del Mio Cid fue escrito en la España del siglo XII, por un juglar de San Esteban de Gormaz. El poema, dividido en tres partes o cantares, narra el injusto destierro y las aventuras del Cid, Rodrígo Díaz de Vivar. El deshonor y la recuperación de la honra, constituyen su eje central, que describe la mentalidad y los valores éticos de su tiempo.

Existe un solo ejemplar del texto original que se conserva en la Biblioteca Nacional en Madrid. En el siglo XVI se guardaba en el Archivo del Concejo de Vivar. Después estuvo en un convento del mismo pueblo. Y Ruiz de Ulibarri hizo una copia en 1596. Eugenio Llaguno y Amírola, secretario del Consejo de Estado, lo sacó de allí en 1779 para que lo publicase Tomás Antonio Sánchez. Terminada la edición, Llaguno lo tuvo en su poder y lo pasó a sus herederos. En el siglo XIX estuvo en poder de Pascual de Gayangos y hacia 1858 fue consultado por Damas-Hinard. En esa época fue enviado a Boston para que lo consultase Ticknor. En 1863 lo tuvo el primer marqués de Pidal y por entonces lo estudió Florencio Janer.

Antes de pasar a la Biblioteca Nacional de Madrid (fue adquirido el 20 de diciembre de 1960) lo heredó Alejandro Pidal y en su casa lo estudiaron Vollmöller, Baist, Huntington y Ramón Menéndez Pidal.

Se trata de un tomo de 74 hojas de pergamino grueso, le faltan tres, una al inicio y dos entre las hojas 47, 48 y 69, 70. En muchas páginas hay manchas provocadas por los reactivos utilizados desde el siglo XVI para leer los pasajes ininteligibles. Aunque estos pasajes no son demasiados.

La encuadernación es del siglo XV. Las hojas están ordenadas en once cuadernos.

Todo el manuscrito original es un texto continuo sin separación en cantares, ni espacios entre los versos, que siempre empiezan con letras mayúsculas.

Cantar de mio Cid

Cantar primero

De los sos oios tan fuerte mientre lorando
Tornaua la cabeça e estaua los catando:
Vio puertas abiertas e vços sin cannados,
Alcandaras uazias sin pielles e sin mantos,
E sin falcones e sin adtores mudados.
Sospiro Myo Çid ca mucho auie grandes cuydados.
Ffablo Myo Çid bien e tan mesurado:
Grado a ti Sennor Padre que estas en alto,
Esto me an buelto myos enemigos malos.
Alli pienssan de aguiiar, alli sueltan las riendas:
A la exida de Biuar ouieron la corneia diestra,
E entrando a Burgos ouieron la siniestra.
Meçio Myo Çid los ombros e engrameo la tiesta:
Albricia Albar Ffanez ca echados somos de tierra.
Myo Çid Ruy Diaz por Burgos entraua.

En su conpanna LX pendones leuaua: exien lo ver
    mugieres e uarones.
Burgeses e burgesas por las finiestras son puestos.
Plorando de los oios, tanto auyen el dolor.
De las sus bocas todos dizian una razon:
Dios, que buen vassalo si ouiesse buen sennor!
Conbidar le yen de grado, mas ninguno non osaua,
El rey don Alfonsso tanto auie la grand sanna.
Antes de la noche en Burgos del entro su carta,
Con grand recabdo e fuerte mientre sellada:
Que a Myo Çid Ruy Diaz que nadi nol diessen
    posada,
E aquel que gela diesse sopiesse una palabra,

Que perderie los aueres e mas los oios de la cara,
E aun demas los cuerpos e las almas.
Grande duelo auien las yentes christianas.
Asconden se de Myo Çid ca nol osan dezir nada
El Campeador adelino a su posada.
Asi commo lego a la puerta falola bien çerrada,
Por miedo del rey Alfonsso que assi lo auie parado:
Que si non la quebrantas por fuerça que non gela
   abriese nadi.
Los de Myo Çid a altas uoçes laman:
Los de dentro non les querien tornar palabra.
Aguiio Myo Çid, a la puerta se legaua,
Saco el pie del estribera, una feridal daua.
Non se abre la puerta, ca bien era çerrada.
Vna ninna de nuef annos a oio se paraua:
Ya Campeador en buen ora çinxiestes espada.
El rey lo ha uedado, anoch del entro su carta,
Con grant recabdo e fuerte mientre sellada.
Non uos osariemos abrir nin coger por nada;
Si non perderiemos los aueres e las casas,
E demas los oios de las caras.
Çid, en el nuestro mal uos non ganades nada,
Mas el Criador uos uala con todas sus uertudes
   sanctas.
Esto la ninna dixo, e tornos pora su casa.
Ya lo vee el Çid que del rey non auie graçia.
Partios de la puerta, por Burgos aguijaua,
Lego a Sancta Maria: luego descaualga.
Ffinco los ynoios, de coraçon rogaua.
La oraçion fecha luego caualgaua.
Salio por la puerta e en Arlançon posaua.
Cabo essa villa en la glera posaua,

Ffincaua la tienda e luego descaualgaua.
Myo Çid Ruy Diaz, el que en buen ora çinxo espada,
Poso en la glera quando nol coge nadi en casa.
Derredor del vna buenna conpanna.
Assi poso Myo Çid commo si fuesse en montanna.
Vedada lan conprar dentro en Burgos la casa.
De toda cosas quantas son de uianda
Non le osarien uender al menos dinarada.
Martin Antolinez, el burgales conplido,
A Myo Çid e a los suyos abastales de pan e de uino.
Non lo compra ca el se lo auie consigo.
De todo conducho bien los ouo bastidos.
Pagos Myo Çid el Campeador e todos los otros que uan a so en çeruiçio.
Ffablo Martin Antolinez, odredes lo que a dicho:
Ya Canpeador en buen ora fuestes nacido.
Esta noch ygamos e uaymos nos al matino,
Ca acusado sere de lo que uos he seruido.
En yra del rey Alffonsso yo sere metido.
Si con uusco escapo sano o biuo
Aun çerca o tarde el rey querer me ha por amigo;
Si non quanto dexo no lo preçio un figo.
Ffablo Myo Çid, el que en buen ora çinxo espada:
Martin Antolinez, sodes ardida lança:
Si yo biuo doblar uos he la soldada.
Espeso e el oro e toda la plata
Vien lo vedes que yo no trayo auer, huebos me serie
Para toda mi companna.
Ffer lo he amidos, de grado no aurie nada.

Con uuestro consego bastir quiero dos archas.
Yncamos las darena, ca bien seran pesadas,
Cubiertas de guadalmeçi e bien enclaueadas:
Los guadameçis uermeios e los clauos bien
 dorados.
Por Rachel e Vidas uayades me priuado.
Entrando en Burgos me vedaron conprar, e el rey me
 a ayrado
Non puedo traer el auer, ca mucho es pesado:
Enpennar gelo he por lo que fuere guisado.
De noche lo lieuen que non lo vean christianos:
Vealo el Criador con todos los sos sanctos.
Yo mas non puedo e amydos lo fago.
Martin Antolinez non lo detarua,
Por Rachel e Vidas apriessa demandaua.
Passo por Burgos, al castiello entraua,
Por Rachel e Vidas apriessa demandaua.
Rachel e Vidas en vno estauan amos,
En cuenta de sus aueres, de los que auien ganados.
Lego Martin Antolinez a guisa de menbrado.
O sodes, Rachel e Vidas, los myos amigos caros?
En poridad flablar querria con amos.
Non lo detardan, todos tres se apartaron:
Rachel e Vidas amos me dat las manos
Que non me descubrades a moros nin a
 christianos;
Por siempre uos fare ricos que non seades
 menguados.
El Campeador por las parias fue entrado;
Grandes aueres priso e mucho sobeianos:
Retouo dellos quanto que fue algo.
Por en vino a aquesto por que fue acusado.

Tiene dos arcas lennas de oro esmerado.
Ya lo vedes que el rey le a ayrado.
Dexado ha heredades e casas e palaçios.
Aquelas non las puede leuar si non seryen ventadas.
El Campeador dexar las ha en uuestra mano,
E prestalde de auer lo que sea guisado.
Prended las archas e meted las en uuestro saluo:
Con grand iura meted y las fes amos
Que non las catedes en todo aqueste anno.
Rachel e Vidas seyen se conseiando:
Nos huebos auemos en todo de ganar algo
Bien lo sabemos que el algo ganno.
Quando a tierra de moros entro, que grant auer saco!
Non duerme sin sospecha qui auer tiene monedado.
Estas archas prendamos las amas,
En logar las metamos que non sean ventadas.
Mas dezid nos del Çid, de que sera pagado,
O que ganançia nos dara por todo aqueste anno?
Respuso Martin Antolinez a guisa de menbrado:
Myo Çid querra lo que ssea aguisado:
Perdir uos a poco por dexar so auer en saluo.
Acogen sele omnes de todas partes menguados.
A menester seys çientos marcos.
Dixo Rachel e Vidas: dar gelos de grado.
Ya vedes que entra la noch, el Çid es presurado,
Huebos auemos que nos dedes los marchos.
Dixo Rachel e Vidas: non se faze assi el mercado,
Si non primero prendiendo e despues dando.
Dixo Martin Antolinez: yo desso me pago

Amos todos tred al Campeador contado,
E nos uos aiudaremos, que assi es aguisado
Por aduzir las archas e meter las en uuestro saluo,
Que non lo sepan moros nin christianos.
Dixo Rachel e Vidas: nos desto nos pagamos.
Las archas aduchas, prendet seyes çientos marcos.
Martin Antolinez caualgo priuado
Con Rachel e Vidas, de voluntad e de grado,
Non viene a la puent ca por el agua a passado,
Que gelo non ventanssen de Burgos omne nado.
Afeuos los a la tienda del Campeador contado.
Assi commo entraron al Çid besaron le las manos.
Sonrrisos Myo Çid, estaualos fablando:
Ya don Rachel e Vidas auedes me olbidado,
Ya me exco de tierra ca del rey so ayrado.
A lo quem semeia de lo mio auredes algo,
Mientra que vivades non seredes menguados.
Don Rachel e Vidas a Myo Çid besaron le las manos.
Martin Antolinez el pleyto a parado,
Que sobre aquelas archas dar le yen VI çientos marcos,
E bien gelas guardarien fasta cabo del anno;
Ca assil dieran la fe e gelo auien iurado:
Que si antes las catassen que fuessen periurados,
Non les diesse Myo Çid de la ganançia un dinero malo.
Dixo Martin Antolinez: cargen las archas priuado:
Leualdas, Rachel e Vidas, poned las en uuestro saluo;
Yo yre connuso que adugamos los marcos
Ca a mouer a Myo Çid ante que cante el gallo.

Al cargar de las archas veriedes gozo tanto!
Non las podien poner en somo mager eran
 esforçados.
Gradan se Rachel e Vidas con aueres monedados,
Ca mientra que visquiessen refechos eran amos.
Rachel a Myo Çid la manol va besar:
Ya, Canpeador, en buen ora çinxiestes espada.
De Castiella uos ydes pora las yentes estrannas.
Assi es uuestra uentura, grandes son uuestras
 ganançias.
Vna piel vermeia morisca e ondrada
Çid, beso uuestra mano, en don que la yo aya.
Plazme, dixo el Çid, da qui sea mandada;
Si uos la aduxier dalla, si non contalda sobre las
 arcas.
En medio del palaçio tendieron vn almofalla,
Sobrella vna sauana de rançal e muy blanca.
A tod el primer colpe III.CCC marcos de plata
 echaron.
Yontolos don Martino, sin peso los tomaua.
Los otros CCC en oro gelos pagaua.
Çinco escuderos tiene don Martino, a todos los
 cargaua.
Quando esto ouo fecho, odredes lo que fablaua:
Ya, don Rachel e Vidas, en uuestras manos son las
 arcas
Yo que esto uos gane, bien mereçia calças.
Entre Rachel e Vidas aparte yxieron amos:
Demos le buen don ca el nos lo ha buscado.
Martin Antolinez un burgales contado,
Vos lo mereçedes, daruos queremos buen dado
De que fagades calças e rica piel e buen manto.

Damos uos en don a uos XXX marchos.
Mereçer nos los hedes ca esto es aguisado;
Atorgar nos hedes esto que auemos parado.
Gradeçiolo don Martino e reçibio los marchos.
Grado exir de la posada e espidios de amos.
Exido es de Burgos e Arlançon a passado:
Vino pora la tienda del que en buen ora nasco.
Reçibiolo el Çid abiertos amos los braços;
Venides, Martin Antolinez, el mio fiel vassalo;
Aun vea el dia que de mi ayades algo.
Vengo, Campeador, con todo buen recabdo:
Vos VI çientos e yo XXX he ganados.
Mandad coger la tienda e vayamos priuado:
En San Pero de Cardena y nos cante el gallo.
Veremos vuestra mugier menbrada fija dalgo,
Mesuraremos la posada e quitaremos el reynado.
Mucho es huebos ca çerca viene el plazo.
Estas palabras dichas, la tienda es cogida.
Myo Çid e sus conpannas caualgan tan ayna.
La cara del cauallo torno a Sancta Maria,
Alzo su mano diestra, la cara se sanctigua:
A ti lo gradesco, Dios que çielo e tierra guias;
Valan me tus vertudes, gloriosa sancta Maria.
Daqui quito Castiella pues que el rey he en yra:
Non se si entrare y mas en todos los myos dias.
Vuestra uertud me uala, Gloriosa, en my exida e me
    aiude;
Ella me acorra de noch e de dia.
Si uos, assi lo fizieredes e la uentura me fuere
    conplida,
Mando al uuestro altar buenas donas e ricas.
Esto e yo en debdo: que faga y cantar mill missas.

Spidios el caboso de cuer e de veluntad.
Sueltan las riendas e pienssan de aguijar.
Dixo Martin Antolinez: vere a la mugier a todo myo solaz.
Castigar los he commo abran a far.
Si el rey me lo quisiere tomar a mi non minchal:
Antes sere con uusco que el Sol quiera rayar.
Tornauas Martin Antolinez a Burgos, e Myo Çid a aguijar
Pora San Pero de Cardena quanto pudo a espolear,
Con estos caualleros quel siruen a so sabor.
Apriessa cantan los gallos e quieren quebrar albores.
Quando lego a San Pero el buen Campeador
El abbat don Sancho, christiano del Criador,
Rezaua los matines a buelta de los albores.
Y estaua donna Ximena con çinco duennas de pro,
Rogando a san Pero e al Criador:
Tu que a todos guias, val a Myo Çid el Campeador.
Lamauan a la puerta y sopieron el mandado.
Dios que alegre fue el abbat don Sancho!
Con lunbres e con candelas al corral dieron salto:
Con tan grant gozo reçiben al que en buen ora nasco!
Gradesco lo a Dios, Myo Çid, dixo el abbat don Sancho;
Pues que aqui uos veo, prendet de mi ospedado.
Dixo el Çid: graçias, don abbat, e so uuestro pagado:
Yo adobare conducho pora mi e pora mis vassallos;

Mas porque me vo de tierra, douos L marchos;
Si yo algun dia visquier, seruos han doblados:
Non quiero fazer en el monesterio vn dinero de danno.
Euades aqui pora donna Ximena douos C marchos.
A ella e a sus fijas e a sus duennas siruades las est anno.
Dues fijas dexo ninnas e prendet las en los braços.
Aquellas uos acomiendo a uos, abbat don Sancho.
Dellas e de mi mugier fagades todo recabdo.
Si essa despenssa uos falleçiere o uos menguare algo
Bien las abastad, yo assi uos lo mando.
Por vn marcho que despendades al monesterio darle he yo quatro.
Otorgado gelo auie el abbat de grado.
Afeuos donna Ximena con sus fijas do ua legando.
Sennas duennas las traen e aduzen las adelant.
Antel Campeador donna Ximena finco los ynoios amos.
Loraua de los oios, quisol besar las manos.
Merçed Canpeador, en ora buena fuestes nado.
Por malos mestureros de tierra sodes echado.
Merçed ya, Çid, barba tan conplida.
Ffem ante uos yo e uuestras ffijas: ynffantes son e de dias [chicas]
Con aquestas mys duennas de quien so yo seruida:
Yo lo veo que estades uos en yda,
E nos de uos partir nos hemos en vida.
Dand nos conseio por amor de sancta Maria.
Enclino las manos en la su barba velida,

A las sus fijas en braços las prendia:
Legolas al coraçon, ca mucho las queria.
Lora de los oios, tan fuerte mientre sospira:
Ya, donna Ximena, la mi mugier tan conplida,
Commo a la mi alma yo tanto uos queria:
Ya lo vedes que partir nos tenemos en vida
Yo yre e uos fincaredes remanida.
Plega a Dios e a sancta Maria, que aun con mis manos case estas mis fijas.
O quede ventura e algunos dias vida!
E uos mugier ondrada, de my seades seruida.
Grand iantar le fazen al buen Canpeador.
Tannen las campanas en San Pero a clamor.
Por Castiella oyendo uan los pregones,
Commo se ua de tierra Myo Çid el Canpeador.
Vnos dexan casas e otros onnores.
En aques dia en la puent de Arlançon
Çiento e quinze caualleros todos iuntados son.
Todos demandan por Myo Çid el Canpeador.
Martin Antolinez con ellos conio
Vansse pora San Pero do esta el que en buen punto naçio.
Quando lo sopo Myo Çid el de Biuar,
Cal creçe conpanna porque mas valdra,
Apriessa caualga, reçebir los salie.
Tornos a sonrisar, legan le todos, la manol ban besar.
Ffablo Myo Çid de toda voluntad:
Yo ruego a Dios e al Padre Spirital,
Vos que por mi dexades casas e heredades,
En antes que yo muera algun bien uos pueda far,
Lo que perdedes doblado uos lo cobrar.

Plogo a Myo Çid porque creçio en la iantar.
Plogo a los otros omnes todos quantos con el estan.
Los VI dias de plazo passados los an:
Tres an por troçir, sepades que non mas.
Mando el rey a Myo Çid a aguardar,
Que si despues del plazo en su tierral pudies tomar,
Por oro nin por plata non podrie escapar.
El dia es exido e la noch querie entrar.
A sos caualleros mandolos todos iuntar:
Oyd varones, non uos caya en pesar;
Poco auer trayo, dar uos quiero uuestra part.
Sed menbrados commo lo deuedes far:
A la mannana quando los gallos cantaran
Non uos tardedes, mandedes ensellar.
En San Pero a matines tandra el buen abbat.
La missa nos dira, esta sera de sancta Trinidad.
La missa dicha penssemos de caualgar,
Ca el plazo viene açerca, mucho auemos de andar.
Cuemo lo mando Myo Çid, assi lo an todos ha far.
Passando ua la noch, viniendo la manna[na].
Ellos mediados gallos pienssan de caualgar.
Tannen a matines a vna priessa tan grand.
Myo Çid e su mugier a la eglesia uan.
Echos donna Ximena en los grados delantel altar,
Rogando al Criador quanto ella meior sabe,
Que a Mio Çid el Campeador que Dios le curias de mal:
Ya, Sennor Glorioso, Padre que en çielo estas,
Ffezist çielo e tierra, el terçero el mar;
Ffezist estrelas e Luna e el Sol pora escalentar;
Prisist encarnaçion en sancta madre;

En Belleem apareçist, commo fue tu voluntad.
Pastores te glorifficaron, ouieron de alaudare.
Tres reyes de Arabia te vinieron adorar:
Melchor e Gaspar e Baltasar oro e tus e mirra
Te offreçieron, commo fue tu voluntad.
A Jonas quando cayo en la mar;
Saluest a Daniel con los leones en la mala carçel;
Saluest dentro en Roma al sennor san Sabastian;
Saluest a sancta Susanna del falso criminal.
Por tierra andidiste XXXII annos, Sennor Spirital,
Mostrando los miraclos, por en auemos que fablar.
Del agua fezist vino e de la piedra pan;
Resuçitest a Lazaro, ca fue tu voluntad.
A los iudios te dexeste prender do dizen monte
    Caluari.
Pusieron te en cruz por nombre en Golgota
Dos ladrones contigo, estos de sennas partes:
El vno es en parayso, ca el otro non entro ala.
Estando en la cruz vertud fezist muy grant:
Longinos era çiego que nunquas vio alguandre;
Diot con la lança en el costado dont yxio la sangre:
Corrio la sangre por el astil ayuso, las manos se ouo
    de vntar:
Alçolas arriba legolas a la faz:
Abrio sos oios, cato a todas partes;
En ti crouo al ora, por end es saluo de mal.
En el monumento resuçitest e fust a los ynfiernos
Commo fue tu voluntad:
Quebranteste las puertas e saqueste los padres
    sanctos.
Tu eres rey de los reyes e de todel mundo Padre.
A ti adoro e creo de toda voluntad,

E ruego a san Peydro que me aiude a rogar
Por Myo Çid el Campeador, que Dios le curie de mal.
Quando oy nos partimos en vida nos faz iuntar.
La oraçion fecha, la missa acabada la an.
Salieron de la eglesia, ya quieren caualgar.
El Çid a donna Ximena yua la abraçar.
Donna Ximena al Çid la manol va besar,
Lorando de los oios que non sabe que se far;
E el a las ninnas torno las a catar:
A Dios uos acomiendo, fijas, e a la mugier e al Padre Spirital.
Agora nos partimos, Dios sabe el aiuntar.
Lorando de los oios que non viestes atal
Asis parten vnos dotros commo la vnna de la carne.
Myo Çid con los sos vassallos pensso de caualgar.
A todos esperando la cabeça tornando ua.
A tan grand sabor fablo Minaya Albar Fanez:
Çid, do son uuestros esfuerços? en buen ora nasquiestes de madre:
Pensemos de yr nuestra via, esto sea de vagar.
Aun todos estos duelos en gozo se tornaran.
Dios que nos dio las almas, conseio nos dara.
Al abbat don Sancho tornan de castigar,
Commo sirua a donna Ximena e a las fijas que ha,
E a todas sus duennas que con ellas estan.
Bien sepa el abbat que buen galardon dello prendra.
Tornado es don Sancho, e fablo Albar Fanez:
Si vieredes yentes venir por connusco yr,

Abbat, deçildes que prendan el rastro e pienssen de andar;
Ca en yermo o en poblado poder nos han alcançar.
Soltaron las riendas, pienssan de andar.
Cerca viene el plazo por el reyno quitar.
Vino Myo Çid iazer a Spinar de Can.
Otro dia mannana pienssan de caualgar.
Grandes yentes se le acoien essa noch de todas partes.
Yxiendos ua de tierra el Canpeador leal.
De siniestro sant Esteuan vna buena cipdad:
De diestro Ahilon las torres que moros las han.
Passo por Alcobiella que de Castiella fin es ya.
La calçada de Quinea yua la traspassar.
Sobre nauas de palos el Duero ua pasar.
A la Figeruela Myo Çid iua posar.
Vanssele acogiendo yentes de todas partes.
Y se echaua Myo Çid despues que fue çenado.
Vn suenno prisso dulçe, tan bien se adurmio.
El angel Gabriel a el vino en suenno:
Caualgad, Çid el buen Campeador, ca nunqua
En tan buen punto caualgo varon:
Mientra que visquieriedes bien se fara lo to.
Quando desperto el Çid la cara se sanctigo:
Sinaua la cara, a Dios se acomendo.
Mucho era pagado del suenno que a sonnado.
Otro dia mannana pienssan de caualgar.
Es dia a de plazo, sepades que non mas.
A la sierra de Miedes ellos yuan posar:
Avn era de dia, non era puesto el Sol.
Mando uer sus yentes Myo Çid el Campeador:
Sin las peonadas e omnes valientes que son,

Noto trezientas lanças que todas tienen pendones.
Temprano dat çeuada, si el Criador uos salue.
El qui quisiere comer y que non caualge.
Passaremos la sierra que fiera es e grand.
La tierra del rey Alfonsso esta noch la podemos
    quitar.
Despues qui nos buscare fallar nos podra.
De noch passan la sierra: vinida es la mannana,
E por la loma ayuso pienssan de andar.
En medio duna montanna marauillosa e grand
Fizo Myo Çid posar e çeuada dar.
Dixoles a todos commo querie tras nochar.
Vassallos tan buenos por coraçon lo an:
Mandado de so sennor todo lo han a far.
Ante que anochesca pienssan de caualgar.
Por tal lo faze Myo Çid que non lo ventasse nadi.
Andidieron de noch, que vagar non se dan.
Dizen Casteion el que es sobre Fenares,
Myo Çid se echo en çelada con aquelos que el trae.
Toda la noche iaze en çelada el que en buen ora
    nasco,
Commo los conseiaua Minaya Albar Fanez:
Ya, Çid, en buen ora çinxiestes espada.
Vos con C. [...] de aquesta nuestra conpanna,
Pues que a Casteion sacaremos a çelada;
Yo con los CC yre en algara: ala vaya Albar
    Abarez,
E Albar Saluadorez sin falla e Galin Garcia vna
    fardida
lança. Caualleros buenos que acompannen a
    Minaya.
Aosadas corred, que por miedo non dexedes nada.

Fita ayuso e por Guadalfaiara, fata Alcala leguen las algaras,
E bien acoian todas las ganançias,
E por miedo de los moros non dexen nada:
E yo con los C aqui fincare en la çaga.
Terne yo Casteion don abremos grand enpara.
Si cuenta uos fuere alguna al algara,
Fazed me mandado muy priuado a la çaga:
Daqueste acorro fablara toda Espanna.
Nonbrados son los que yran en el algara,
E los que con Myo Çid fincaran en la çaga.
Ya quiebran los albores e vinie la mannana.
Yxie el Sol, Dios, que fermoso apuntaua!
En Casteion todos se leuantauan;
Abren las puertas, de fuera salto dauan
Por ver sus lauores e todas sus heredades.
Todos son exidos, las puertas dexadas an abiertas,
Con pocas de gentes que en Casteion fincaron.
Las yentes de fuera todas son deramadas.
El Campeador salio de la çelada: corrie a Casteion sin falla.
Moros e moras auien los de ganançia,
E essos gannados quantos en derredor andan.
Myo Çid don Rodrigo a la puerta adelinnaua.
Los que la tienen quando vieron la rebata,
Ouieron miedo e fue desenparada.
Myo Çid Ruy Diaz por las puertas entraua.
En mano tenie desnuda el espada.
Quinze moros mataua de los que alcançaua.
Ganno a Casteion e el oro e la plata.
Sos caualleros legan con la ganançia.
Dexan la a Myo Çid, todo esto non preçia nada.

Afeuos los CC.III en el algara,
E sin dubda corren: fasta Alcala lego la senna de Minaya,
E de si arriba tornan se con la ganançia,
Ffenares arriba e por Guadalfaiara.
Tanto traen las grandes ganançias muchos gannados,
De oueias e de vacas e de ropas e de otras riquezas largas.
Derecha viene la senna de Minaya.
Non osa ninguno dar salto a la çaga.
Con aqueste auer tornan se essa conpanna.
Ffellos en Casteion o el Campeador estaua.
El castielo dexo en so poder, el Canpeador caualga.
Saliolos reçebir con esta su mesnada:
Los braços abiertos reçibe a Minaya.
Venides, Albar Fanez, una fardida lança.
Do yo uos enbias bien abria tal esperança.
Esso con esto sea aiuntado.
Douos la quinta, si la quisieredes, Minaya.
Mucho uos lo gradesco, Campeador contado.
Daquesta quinta que me auedes mando
Pagar se ya della Alfonsso el castellano.
Yo uos la suelta e auello quitado.
A Dios lo prometo, a aquel que esta en alto,
Ffasta que yo me page sobre mio buen cauallo,
Lidiando con moros en el campo,
Que enpleye la lança e al espada meta mano,
E por el cobdo ayuso la sangre destelando
Ante Ruy Diaz el lidiador contado,
Non prendre de uos quanto uale vn dinero malo.

Pues que por mi ganaredes quisquier que sea dalgo,
Todo lo otro afelo en uuestra mano.
Estas gananças alli eran iuntadas.
Comidios Myo Çid, el que en buen ora fue nado,
Al rey Alfonsso que legarien sus compannas;
Quel buscarie mal con todas sus mesnadas.
Mando partir tod aqueste auer;
Sos quinnoneros que gelos diessen por carta.
Sos caualleros yan arribança:
A cada vno dellos caen C marchos de plata,
E a los peones la meatad sin falla.
Toda la quinta a Myo Çid fincaua.
Aqui non lo pueden vender, nin dar en presentaia
Nin catiuos nin catiuas non quiso tener en su conpanna.
Ffablo con los de Casteion, e envio a Fita e a Guadalfagara.
Esta quinta por quanto serie conprada,
Avn de lo que diessen que ouiessen grand ganançia.
Asmaron los moros III mill marcos de plata.
Plogo a Myo Çid daquesta presentaia.
A terçer dia dados fueron sin falla.
Asmo Myo Çid con toda su conpanna
Que en el castiello non y aurie morada,
E que serie retenedor, mas non y aurie agua.
Moros en paz ca escripta es la carta.
Buscar nos ye el rey Alfonsso con toda su mesnada.
Quitar quiero Casteion: oyd escuellas e Minyaya!
Lo que yo dixier non lo tengades a mal:

En Casteion non podriemos fincar;
Cerca es el rey Alfonsso e buscar nos verna.
Mas el castielo non lo quiero hermar.
Çiento moros e çiento moras quiero las quitar,
Porque lo pris dellos que de mi non digan mal.
Todos sodes pagados e ninguno non por pagar;
Cras a la mannana pensemos de caualgar:
Con Alfonsso myo sennor non querria lidiar.
Lo que dixo el Çid a todos los otros plaz.
Del castiello que prisieron todos ricos se parten.
Los moros e las moras bendiziendol estan.
Vansse Fenares arriba quanto puedan andar.
Troçen las alcarias e yuan adelant.
Por las cueuas d Anquita ellos passando uan.
Passaron las aguas, entraron al campo de
    Torançio,
Por essas tierras ayuso quanto pueden andar.
Entre Fariza e Çetina Myo Çid yua albergar.
Grandes son las ganançias que priso por la tierra do
    ua
Non lo saben los moros el ardiment que an.
Otro dia mouios Myo Çid el de Biuar,
E passo a Alfama, la Foz ayuso ua.
Passo a Bouierca e Ateca que es adelant.
E sobre Alcoçer Myo Çid yua posar.
En vn otero redondo, fuerte e grand.
Açerca corre Salon agua nol puedent vedar.
Myo Çid don Rodrigo Alcocer cuida ganar.
Bien puebla el otero, firme prende las posadas:
Los vnos contra la sierra, e los otros contra la
    agua.
El buen Canpeador que en buen ora nasco,

Derredor del otero, bien çerca del agua,
A todos sos varones mando fazer vna carcaua,
Que de dia nin de noch non les diessen arebata,
Que sopiessen que Myo Çid alli auie fincança.
Por todas essas tierras yuan los mandados
Que el Campeador Myo Çid alli auie poblado.
Venido es a moros, exido es de christianos.
En la su vezindad non se treuen ganar tanto.
Agardando se ua Myo Çid con todos sus vassallos.
El castiello de Alcoçer en paria ua entrando.
Los de Alcoçer a Myo Çid yal dan parias de grado,
E los de Teca e los de Teruel la casa.
A los de Calatauth, sabet, males pesaua.
Ali yogo Myo Çid complidas XV semmanas.
Quando vio Myo Çid que Alcoçer non se le daua,
El fizo vn art e non lo detardaua.
Dexa vna tienda fita e las otras leuaua.
Coio Salon ayuso la su senna alçada,
Las lorigas vestidas e çintas las espadas,
Aguisa de menbrado por sacar los a çelada.
Veyen lo los de Alcoçer, Dios, commo se alabauan!
Ffalido ha a Myo Çid el pan e la çeuada.
Las otras abes lieua, vna tienda a dexada,
De guisa ua Myo Çid commo si escapasse de
 arrancada.
Demos salto a el e feremos grant ganançia,
Antes quel prendan los de Teruel, si non non nos
 daran dent nada.
La paria quel ha prisa tornar nos la ha doblada.
Salieron de Alcoçer a vna priesa much estranna.
Myo Çid quando los vio fuera, cogios commo de
 arrancada.

Coios Salon ayuso con los sos abuelta nadi.
Dizen los de Alcoçer: ya se nos va la ganançia.
Los grandes e los chicos fuera salto dan.
Al sabor del prender de lo al non pienssan nada.
Abiertas dexan las puertas, que ninguno non las guarda.
El buen Campeador su cara tornaua.
Vio que entrellos e el castiello mucho auie grand plaza:
Mando tornar la senna, apriessa espoloneaua:
Ffirid los caualleros, todos sines dubdança.
Con la merçed del Criador nuestra es la ganançia.
Bueltos son con ellos por medio de la lanna
Dios, que bueno es el gozo por aquesta mannana!
Myo Çid e Albar Fanez adelant aguiiauan
Tienen buenos cauallos, sabet, a su guisa les andan.
Entrellos e el castiello en essora entrauan.
Los vassallos de Myo Çid sin piedad les dauan.
En vn ora e vn poco de logar CCC moros matan,
Dando grandes alaridos los que estan en la çelada.
Dexando uan los delant, por el castiello se tornauan.
Las espadas desnudas, a la puerta se parauan.
Luego legauan los sos, ca fecha es el arrancada.
Myo Çid ganno a Alcoçer, sabent por esta manna.
Vino Pero Vermuez que la senna tiene en mano:
Metiola en somo en todo lo mas alto.
Ffablo Myo Çid Ruy Diaz el que en buen ora fue nado:
Grado a Dios del çielo e a todos los sos sanctos,
Ya meioraremos posadas a duennos e a cauallos.

Oyd a mi, Albar Fanez e todos los caualleros:
En este castiello grand auer auemos priso.
Los moros yazen muertos, de biuos pocos veo.
Los moros e las moras vender non los podremos:
Que los descabeçemos nada non ganaremos.
Coiamos los de dentro, ca el sennorio tenemos.
Posaremos en sus casas e dellos nos seruiremos.
Myo Çid con esta ganançia en Alcoçer esta:
Ffizo enbiar por la tienda que dexara alla.
Mucho pesa a los de Teca e a los de Teruel non
  plaze,
E a los de Calatayuth non plaze.
Al rey de Valençia enbiaron con mensaie,
Que a vno que dizien Myo Çid Ruy Diaz de Biuar,
Ayrolo el rey Alfonsso, de tierra echado lo ha.
Vino posar sobre Alcoçer en vn tan fuerte logar.
Sacolos a çelada, el castiello ganado a.
Si non das conseio, a Teca e a Teruel perderas;
Perderas Calatayuth que non puede escapar:
Ribera de Salon todo yra a mal.
Assi ffara lo de Siloca que es del otra part.
Quando lo oyo el rey Tamin por cuer le peso mal.
Tres reyes veo de moros derredor de mi estar.
Non lo detardedes, los dos yd pora alla.
Tres mill moros leuedes con armas de lidiar
Con los de la frontera que uos ayudaran.
Prendet melo a uida, aduzid melo deland:
Porque se me entro en mi tierra derecho me aura a
  dar.
Tres mill moros caualgan e pienssan de andar.
Ellos vinieron a la noch en Sogorue posar.
Otro dia mannana pienssan de caualgar.

Vinieron a la noch a Çelfa posar.
Por los de la frontera pienssan de enviar.
Non lo detienen, vienen de todas partes.
Yxieron de Çelfa la que dizen de Canal.
Andidieron todol dia que vagar non se dan.
Vinieron essa noche en Calatayuh posar.
Por todas essas tierras los pregones dan.
Gentes se aiuntaron sobeianas e grandes.
Con aquestos dos reyes que dizen Ffariz e Galue,
Al bueno de Myo Çid en Alcoçer le uan çercar:
Fflncaron las tiendas e prendend las posadas.
Creçen estos virtos, ca yentes son sobeianas:
Las axobdas que los moros sacan de dia
E de noch en bueltos andan en armas:
Muchas son las axobdas e grande es el almofalla.
A los de Myo Çid ya les tuellen el agua.
Mesnadas de Myo Çid exir querien a la batalla.
El que en buen ora nasco firme gelo vedaua.
Touieron gela en çerca complidas tres semanas.
A cabo de tres semanas la quarta querie entrar,
Myo Çid con los sos tornos a acordar:
El agua nos an vedada, exir nos ha el pan.
Que nos queramos yr de noch no nos lo
    consintran.
Grandes son los poderes por con ellos lidiar.
Dezid me, caualleros, commo uos plaze de far?
Primero fablo Minaya, vn cauallero de prestar:
De Castiella la gentil exidos somos aca,
Si con moros non lidiaremos, no nos daran del
    pan.
Bien somos nos VI cientos, algunos ay de mas.
En el nombre del Criador que non pase por al:

Vayamos los ferir en aquel dia de cras.
Dixo el Campeador a mi guisa fablastes.
Ondrastes uos Minaya ca aun uos lo yedes de far.
Todos los moros e las moras de fuera los manda echar,
Que non sopiesse ninguno esta su poridad.
El dia e la noche pienssan se de adobar.
Otro dia mannana el Sol querie apuntar,
Armado es el Myo Çid con quantos que el ha.
Ffablaua Myo Çid commo odredes contar:
Todos yscamos fuera, que nadi non raste,
Si non dos peones solos por la puerta guardar.
Si nos murieremos en campo, en castiello nos enterraran:
Si vençieremos la batalla, creçremos en rictad.
E vos, Pero Vermuez; la mi senna tomad:
Commo sodes muy bueno, tener la edes sin arch:
Mas non aguijedes con ella, si yo non uos lo mandar.
Al Çid beso la mano, la senna ua tomar.
Abrieron las puertas, fuera vn salto dan.
Vieron lo las axobdas de los moros, al almofalla se uan tornar.
Que priessa va en los moros, e tornaron se a armar.
Ante roydo de atamores la tierra querie quebrar:
Veriedes armar se moros, apriessa entrar en az.
De parte de los moros dos sennas ha cabdales:
E fizieron dos azes de peones mezclados: qui los podrie contar?
Las azes de los moros yas mueuen adelant,
Pora Myo Çid e a los sos a manos los tomar:

Quedas sed, menadas, aqui en este logar:
Non desranche ninguno fata que yo lo mande
Aquel Pero Vermuez non lo pudo endurar:
La senna tiene en mano, conpeço de espolonar:
El Criador uos vala, Çid Campeador leal:
Vo meter la uuestra senna en aquela mayor az.
Los que el debdo auedes veremos commo la acorredes.
Dixo el Campeador: non sea, por caridad.
Respuso Pero Vermudez: non rastara por al:
Espolono el canallo, e metiol en el mayor az:
Moros le reçiben por la senna ganar:
Dan le grandes colpes, mas nol pueden falssar.
Dixo el Campeador: valelde por caridad:
Enbraçan los escudos delant los coraçones,
Abaxan las lanças abuestas de los pendones,
Enclinaron las caras de suso de los arzones,
Yuan los ferir de fuertes coraçones.
A grandes vozes lama el que en buen ora nasco:
Fferid los caualleros por amor de caridad:
Yo so Ruy Diaz el Çid Campeador de Biuar.
Todos fieren en el az do esta Pero Vermuez.
Trezientas lanças son, todas tienen pendones:
Sennos moros mataron, todos de sennos colpes.
A la tornada que fazen otros tantos son:
Veriedes tantas lanças premer e alçar,
Tanta adagara foradar e passar,
Tanta loriga falssa desmanchar,
Tantos pendones blancos salir vermeios en sangre,
Tantos buenos cauallos sin sos duenos andar.
Los moros laman Mafomat: los cristianos sanct Yague.

Cayen en vn poco de logar moros muertos mill e
   CCC ya.
Ca lidia bien sobre exorado arzon,
Myo Çid Ruy Diaz el buen lidiador!
Mynaya Albar Fanez que Çorita mando,
Martin Antolinez el burgales de pro,
Munno Gustioz que fue so criado,
Martin Munnoz el que mando a Mont mayor,
Albar Albarez e Albar Saluadores,
Galin Garçia el bueno da Aragon,
Ffelez Munnoz so sobrino del Campeador,
Desi adelante quantos que y son,
Acorren la senna e a Myo Çid el Campeador.
A Mynaya Albar Fanez mataron le el cauallo:
Bien lo acorren mesnadas de christianos:
La lança ha quebrada, al espada metio mano.
Mager de pie buenos colpes va dando.
Violo Myo Çid Ruy Diaz el castelano;
Acostos a vn aguazil que tenie buen cauallo:
Diol tal espadada con el so diestro braço,
Cortolo por la çintura el medio echo en campo.
A Mynaya Albar Fanez yual dar el cauallo:
Caualgad, Mynaya, uos sodes el myo diestro
   braço:
Oy en este dia de uos abre grand bando:
Ffirme son los moros, avn nos van del campo.
Caualgo Minaya, el espada en la mano:
Por estas fuerças fuerte mientre lidiando,
A los que alcança valos delibrando.
Myo Çid Ruy Diaz el que en buen ora nasco,
Al rey Fariz III colpes le auie dado.
Los dos le fallen, e el vnol ha tomado,

Por la loriga ayuso la sangre destellado,
Voluio la rienda por yrse le del campo:
Por aquel colpe rancado es el fonssado.
Martin Antolinez vn colpe dio a Galue.
Las carbonclas del yelmo echo gelas aparte:
Cortol el yelmo que lego a la carne.
Sabet, el otro non gelo oso esperar.
Arancado es el rey Fariz e Galue.
Tan buen dia por la christiandad!
Ca fuyen los moros de la part,
Los de Myo Çid firiendo en alcanz.
El rey Fariz en Teruel se fue entrar,
Ca Galue non lo cogieron alla.
Para Calatayuch quanto puede se va:
El Campeador yual en alcanz.
Ffata Calatayuch duro el segudar.
A Mynaya Albar Fanez bien landa el cauallo.
Daquestos moros mato XXXIIII.
Espada taiador, sangriento trae el braço,
Por el cobdo ayuso la sangre destellando.
Dize Mynaya: agora so pagado,
Que a Castiella yran buenos mandados:
Que Myo Çid Ruy Diaz lid campal a vençida.
Tantos moros yazen muertos que pocos biuos a
    dexados;
Ca en alcanz sin dubda les fueron dando.
Yas tornan los del que en buen ora nasco:
Andaua Myo Çid sobre so buen cauallo:
La cofia fronzida, Dios commo es bien barbado!
Almofar acuestas, la espada en la mano
Vio los sos commos van alegando.
Grado a Dios aquel que esta en alto,

Quando tal batalla auemos arancado.
Esta albergada los de Myo Çid luego la an robada,
De escudos e de armas, e de otros aueres largos.
De los moriscos quando son legados ffallaron DX cauallos.
Grand alegreya va entre essos christianos;
Mas de quinçe de los sos menos non fallaron.
Traen oro e plata que non saben recabdo:
Refechos son todos esos christianos con aquesta ganançia.
A sos castiellos a los moros dentro los an tornados.
Mando Myo Çid aun que les diessen algo.
Grant a el gozo Myo Çid con todos sos vassalos.
Dio a partir estos dinneros e estos aueres largos.
En la su quinta al Çid caen C cauallos.
Dios que bien pago a todos sus vassallos!
A los peones e a los en caualgados,
Bien lo aguisa el que en buen ora nasco.
Quantos el trae todos son pagados.
Oyd, Mynaya, sodes myo diestro braço:
Daquesta riqueza que el Criador nos a dado
A uuestra guisa prended con uuestra mano.
Enbiar uos quiero a Castiella con mandado
Desta batalla que auemos arancada,
Al rey Alfonsso que me a ayrado.
Quierol enbiar en don XXX cauallos,
Todos con siellas e muy bien enfrenados.
Sennas espadas de los arzones colgadas.
Dixo Mynaya Albar Fanez: esto fare yo de grado.
Euades aqui oro e plata vna vesa lenna,
Que nada nol minguaua.
En Sancta Maria de Burgos quitedes mill missas:

Lo que romaneçiere daldo a mi mugier e a mis fijas,
Que rueguen por mi las noches e los dias.
Si les yo visquier, seran duennas ricas.
Mynaya Albar Fanez desto es pagado: por ir con el omnes son contados.
Agora dauan çeuada, ya la noch era entrada.
Myo Çid Ruy Diaz con los sos se acordaua.
Hydes uos, Mynaya, a Castiella la gentil:
A nuestros amigos bien les podedes dezir:
Dios nos valio e vençiemos la lidat.
A la tornada, si nos fallaredes aqui,
Sinon do sopieredes que somos, yndos conseguir.
Por lanças e por espadas auemos de guarir:
Si non en esta tierra angosta non podriemos biuir.
Ya es aguisado, mannanas fue Minaya,
E el Campeador con su mesnada.
La tierra es angosta e sobeiana de mala.
Todos los dias a Myo Çid aguardauan
Moros de las fronteras e vnas yentes estrannas.
Sano el rey Fariz con el se conseiauan.
Entre los de Techa e los de Teruel la casa,
E los de Calatayut que es mas ondrada,
Asi lo an asmado e metudo en carta:
Vendido les a Alcoçer por tres mill marchos de plata.
Myo Çid Ruy Diaz a Alcoçer es venido.
Que bien pago a sus vassalos mismos!
A caualleros e a peones fechos los ha ricos:
En todos los sos non fallariedes vn mesquino.
Qui a buen sennor sirue, siempre biue en deliçio.
Quando Myo Çid el castiello quiso quitar,

Moros e moras tornaron se a quexar:
Vaste, Myo Çid, nuestras oraçiones uayante
    delante!
Nos pagados fincados, sennor, de la tu part.
Quando quito a Alcoçer Myo Çid el de Biuar,
Moros e moras compeçaron de lorar.
Alço su senna, el Campeador se ua,
Paso Salon ayuso, aguijo caba delant.
Al exir de Salon, mucho ouo buenas aues.
Plogo a los de Teruel e a los de Calatayut mas
Peso a los de Alcoçer, ca pro les fazie grant.
Aguijo Myo Çid, yuas cabadelant,
Y ffinco en vn poyo que es sobre Mont real:
Alto es el poyo, marauilloso e grant:
Non teme gerra, sabet, a nulla, part.
Metio en paria a Daroca en antes:
Desi a Molina que es del otra part:
La tercera Teruel, que estaua delant.
En su mano tenie a Çelfa la del Canal.
Myo Çid Ruy Diaz de Dios aya su graçia!
Ydo es a Castiella Albar Fanez Minaya;
Treynta cauallos al rey los enpresentaua.
Violos el rey, fermoso sonrrisaua:
Quien los dio estos, si uos vala Dios, Mynaya?
Myo Çid Ruy Diaz que en buen ora cinxo espada.
Vençio dos reyes de moros en aquesta batalla.
Sobeiana es, sennor, la su ganançia.
A uos, rey ondrado, enbia esta presentaia:
Besa uos los pies e las manos amas:
Quel aydes merçed, si el Criador uos vala.
Dixo el rey: mucho es mannana:
Omne ayrado, que de sennor non ha graçia,

Por acogello a cabo de tres semmanas:
Mas despues que de moros fue, prendo esta presentaia:
Aun me plaze de Myo Çid que fizo talганançia.
Sobresto todo a uos quito, Minaya,
Honores e tierras auellas condonadas.
Hyd e venit, daqui uos do mi graçia;
Mas del Çid Campeador yo non uos digo nada.
Sobre aquesto todo dezir uos quiero, Minaya,
De todo myo reyno los que lo quisieren far,
Buennos e valientes pora Myo Çid huyar,
Suelto les los cuerpos, e quito les las heredades.
Beso le las manos Minaya Albar Fanez:
Grado e graçias, rey, commo a sennor natural:
Esto feches agora, al feredes adelant:
Hyd por Castiella e dexen uos andar, Minaya,
Si nulla dubda yd a Myo Çid buscar ganançia.
Quiero uos dezir del que en buen ora nasco e cinxo espada:
Aquel poyo en el priso posada:
Mientra que sea el pueblo de moros e de la yente christiana,
El Poyo de Myo Çid asil diran por carta.
Estando alli mucha tierra paraua:
El de rio Martin todo lo metio en paria.
A Saragoça sus nueuas legauan:
Non plaze a los moros, firme mientre les pesaua.
Ali souo Myo Çid conplidas XV semanas.
Quando vio el caboso que se tardaua Minaya,
Con todas sus yentes fizo vna trasnochada.
Dexo el Poyo, todo lo desenparaua:
Allen de Teruel don Rodrigo passaua:

En el Pinar de Tebar don Ruy Diaz posaua.
Todas essas tierras todas la paraua:
A Saragoça metuda la en paria.
Quando esto fecho ouo, a cabo de tres semanas
De Castiella venido es Minaya:
Dozientos con el que todos çinen espadas:
Non son en cuenta, sabet, las peonnadas.
Quando vio Myo Çid asomar a Minaya,
El cauallo corriendo ualo abraçar sin falla:
Beso le la boca e los oios de la cara:
Todo gelo dize, que nol encubre nada.
El Campeador fermoso sonrrisaua:
Grado a Dios e a las sus vertudes sanctas:
Mientra uos visquieredes, bien me yra a mi
    Minaya
Dios commo fue alegre todo aquel fonssado!
Que Minaya Albar Fanez assi era legado,
Diziendo les saludes de primos e de hermanos,
E de sus compannas aquelas que auien dexadas.
Dios commo es alegre la barba velida!
Que Albar Fanez pago las mill missas,
E quel dixo saludes de su mugier e de sus fijas.
Dios commo fue el Çid pagado, e fizo grant
    alegria!
Ya Albar Fanez biuades muchos dias.
Non lo tardo el que en buen ora nasco:
Tierras d Alcanz negras las va parando,
E a derredor todo lo va parando.
Al terçer dia don yxo y es tornado.
Hya va el mandado por las tierras todas.
Pesando va a los de Monçon e a los de Huesca;
Por que dan parias plaze a los de Saragoça.

De Myo Çid Ruy Diaz que non temien ninguna fonta,
Con estas ganançias a la posada tornando se uan:
Todos son alegres, ganançias traen grandes.
Plogo a Myo Çid, e mucho a Albar Fanez.
Sonrrisos el caboso que non lo pudo endurar.
Hya caualleros dezir uos he la verdad:
Qui en vn logar mora, siempre lo so puede menguar.
Cras a la mannana penssemos de caualgar:
Dexat estas posadas e yremos adelant.
Estonçes se mudo el Çid al puerto de Alucant:
Dent corre Myo Çid a Huesca e a Mont aluan.
En aquessa corrida X dias ouieron a morar.
Ffueron los mandados a todas partes,
Que el salido de Castiella asi los trae tan mal.
Los mandados son ydos a todas partes.
Legaron las nueuas al conde de Barçilona.
Que Myo Çid Ruy Diaz quel corrie la tierra toda.
Ouo grand pesar e touos lo a grand fonta.
El conde es muy folon e dixo vna vanidat:
Grandes tuertos me tiene Myo Çid el de Biuar:
Dentro en mi cort tuerto me touo grand:
Ffiriom el sobrino e non lo enmendo mas.
Agora correm las tierras que en mi anpara estan:
Non lo desafie, mil torne enemistad;
Mas cuando el melo busca, yr gelo he yo demandar.
Grandes son los poderes e apriessa se uan legando.
Gentes se le alegan grandes entre moros e christianos.
Adelinan tras Myo Çid el bueno de Biuar:

Tres dias e dos noches penssaron de andar.
Alcançaron a Myo Çid en Teuar e el Pinar.
Asi viene esforçado, que el Çide a manos se le cuydo tomar.
Myo Çid don Rodrigo trae grand ganançia:
Diçe de vna sierra e legaua a vn val.
Del conde don Remont venido les mensaie.
Myo Çid quando lo oyo, enbio pora alla.
Digades al conde non lo tenga a mal:
De lo so non lieuo nada, dexem yr en paz.
Respuso el conde: esto non sera verdad:
Lo de antes e de agora todom lo pechara:
Sabra el salido a quien vino desondrar.
Tornos el mandadero quanto pudo mas.
Essora lo connosçe Myo Çid el de Biuar,
Que a menos de batalla nos pueden den quitar.
Ya caualleros apart fazed la ganançia:
Apriessa uos guarnid e metedos en las armas.
El conde don Remont dar nos ha grant batalla:
De moros e de christianos gentes trae sobeianas:
Amenos de batalla non nos dexarie por nada.
Pues adellant yran tras nos, aqui sea la batalla:
Aprestad los cauallos, e bistades las armas.
Ellos vienen cuesta yuso, e todos trahen calças:
E las siellas coçeras, e las çinchas amoiadas.
Nos caualgaremos siellas gallegas, e huesas sobre calças.
Ciento caualleros deuemos vencer aquelas mesnadas.
Antes que ellos legen a lanno, presentemos les las lanças.
Por vno que firgades, tres siellas yran vazias.

Vera Remont Verengel tras quien vino el alcança:
Oy en este pinar de Teuar por toler me la ganançia.
Todos son adobados: quando Myo Çid esto ouo
    fablado,
Las armas auien prisas e sedien sobre los cauallos.
Vieron la cuesta yuso la fuerça de los francos.
Al fondon de la cuesta, çerca es de lanno,
Mando les ferir Myo Çid el que en buen ora nasco.
Esto fazen los sos de voluntad e de grado:
Los pendones e las lanças tan bien las uan
    enpleando,
A los vnos firiendo e a los otros derocando:
Vençido a esta batalla el que en buen ora nasco:
Al conde don Remont a prison le an tomado.
Hy ganno a Colada que mas vale de mill marcos de
    plata.
E vençio esta batalla poro ondro su barba.
Priso lo al conde, pora su tierra lo leuaua:
A sos creenderos mandar lo guardaua.
De fuera de la tienda vn salto daua.
De todas partes los sos se aiuntaron.
Plogo a Myo Çid, ca grandes son las gananças.
A Myo Çid don Rodrigo grant cozinal adobauan:
El conde don Remont non gelo preçia nada.
Aduzen le los comeres, delant gelos parauan:
El non lo quiere comer, a todos los sosanaua.
Non combre vn bocado por quanto ha en toda
    Espanna:
Antes perdere el cuerpo e dexare el alma,
Pues que tales mal calçados me vençieron de
    batalla.
Myo Çid Ruy Diaz odredes lo que dixo:

Comed, conde, deste pan e beued deste vino.
Si lo que digo fizieredes, saldredes de catiuo:
Si non en todos uuestros dias non veredes
 christianismo.
Dixo el conde don Remont: comede don Rodrigo, e
 penssedes de folgar,
Que yo dexar me morir que non quiero comer.
Ffasta terçer dia nol pueden acordar.
Ellos partiendo estas ganançias grandes,
Nol pueden fazer comer vn muesso de pan.
Dixo Myo Çid: comed, conde, algo, ca si non
 comedes
 non veredes christianos;
E si uos comieredes don yo sea pagado,
A uos e dos fijos dalgo quitar uos he los cuerpos, e
 daruos e de mano.
Quando esto oyo el conde yas yua alegrando:
Si lo fizieredes, Çid, lo que auedes fablado,
Tanto quanto yo biua, sere dend marauillado.
Pues comed, conde, e quando fueredes iantado,
A uos e a otros dos dar uos he de mano;
Mas quanto auedes perdido e yo gane en canpo,
Sabet, non uos dare a uos vn dinero malo.
Mas quanto auedes perdido non uos lo dare:
Ca huebos me lo he e pora estos myos vassallos,
Ca commigo andan lazrados, e non uos lo dare.
Prendiendo de uos e de otros yr nos hemos
 pagando.
Abremos esta vida mientra ploguiere al Padre
 Sancto,
Commo qui yra a de rey e de tierra es echado:
Alegre es el conde e pidio agua a las manos,

E tienen gelo delant e dieron gelo priuado.
Con los caualleros que el Çid le auie dados
Comiendo va el conde, Dios, que de buen grado!
Sobrel sedie el que en buen ora nasco
Si bien non comedes, conde, don yo sea pagado,
Aqui feremos la morada, no nos partiremos amos,
Aqui dixo el conde: de voluntad e de grado.
Con estos dos caualleros apriessa va iantando:
Pagado es Myo Çid que lo esta aguardando,
Por que el conde don Remont tan bien boluie las
    manos.
Si uos ploguiere, Myo Çid, de yr somos guisados.
Mandad nos dar las bestias, e caualgeremos
    priuado:
Del dia que fue conde non iante tan de buen grado,
El sabor que dend e non sera olbidado.
Dan le tres palafres muy bien ensellados,
E buenas vestiduras de peliçones e de mantos;
El conde don Remont entre los dos es entrado.
Ffata cabo del albergada escurriolos el castelano.
Hya uos ydes, conde, aguisa de muy franco,
En grado uos lo tengo lo que me auedes dexado:
Si uos viniere emiente que quisieredes vengalo,
Si me vinieredes buscar fallar me podredes:
E si non mandedes buscar o me dexaredes,
De lo uuestro, o de lo myo leuaredes algo.
Ffolgedes ya, Myo Çid, sodes en uuestro saluo;
Pagado uos he por todo aqueste anno:
De venir uos buscar Sol non sera penssado.
Aguijaua el conde, e penssaua de andar:
Tornando ua la cabeça, e catandos atras.
Myedo yua auiendo que Myo Çid se repintra:

Lo que non ferie el caboso por quanto en el mundo i ha:
Vna desleatança ca non la fizo alguandre.
Hydo es el conde, tornos el de Biuar.
Juntos con sus mesnadas, conpeçolas de legar
De la ganançia que an fecha marauillosa e grand.
Aquis conpieça la gesta de Myo Çid el de Biuar.
Tan ricos son los sos que non saben que se an.

Cantar segundo

Poblado ha Myo Çid el puerto de Alucant,
Dexando a Saragoça e a las tierras duca:
E dexando a Huesca, e las tierras de Mont aluan;
Contra la mar salada conpeço de guerrear.
A Orient exe el Sol, e tornos a essa part.
Myo Çid ganno a Xerica e a Onda e Almenar:
Tierras de Borriana todas conquistas las ha.
Aiudol el Criador, el Sennor que es en çielo:
El con todo esto priso a Muruiedro.
Ya vie Myo Çid que Dios le yua valiendo.
Dentro en Valençia non es poco el miedo:
Pesa a los de Valençia, sabet, non les plaze.
Prisieron so conseio quel viniessen çercar.
Tras nocharon de noch al alua de la mann:
Açerca de Muruiedro tornan tiendas a fincar.
Violo Myo Çid, tornos a marauillar: grado a ti Padre
    Spirital.
En sus tierras somos e femos les todo mal:
Beuemos so vino e comemos el so pan.
Si nos çercar vienen con derecho lo fazen.
A menos de lid nos partira aquesto.
Vayan los mandados por los que nos deuen aiudar:
Los vnos a Xerica, e los otros a Alucad,
Desi a Onda e los otros a Almenar.
Los de Borriana luego vengan aca:
Conpeçaremos aquesta lid campal.
Yo fio por Dios que en nuestro pro enadran.
Al terçer dia todos iuntados son.
El que en buen ora nasco compeço de fablar:

Oyd mesnadas, si el Criador uos salue!
Despues que nos partiemos de la linpia
    christiandad,
Non fue a nuestro grado ni nos non pudiemos
    mas.
Grado a Dios, lo nuestro fue adelant:
Los de Valençia çercados nos han.
Si en estas tierras quisieremos durar,
Firme mientre son estos a escarmentar.
Passe la noche e venga la mannana,:
Apareiados me sed a cauallos e armas:
Hyremos ver aquela su almofalla
Commo omnes exidos de tierra estranna.
Alli pareçra el que mereçe la soldada.
Oyd que dixo Minaya Albar Fanez:
Campeador, fagamos lo que a uos plaze:
A mi dedes C caualleros que non uos pido mas.
Vos con los otros firades los delant:
Bien los ferredes, que dubda non aura.
Yo con los çiento entrare del otra part:
Commo fio por Dios, el campo nuestro sera.
Commo gelo a dicho, al Campeador mucho plaze.
Mannana era e pienssan se de armar.
Quis cada vno dellos bien sabe lo que ha de far.
Con los aluores Myo Çid ferir los va.
En el nombre del Criador e del apostol sanct
    Yague,
Ferid los, caualleros, damor e de grado e de grand
    voluntad,
Ca yo so Ruy Diaz Myo Çid el de Biuar.
Tanta cuerda de tienda y veriedes quebrar,

Arancar se las estacas e acostar se a todas partes los tendales.
Los moros son muchos, ya quieren reconbrar.
Del otra part entroles Albar Fanez.
Mager les pesa, ouieron se a dar e arrancar.
Grand es el gozo que va por es logar.
Dos reyes de moros mataron en es alcanz.
Ffata Valençia duro el segudar.
Grandes son las ganançias que Mio Çid fechas ha.
Prisieron Çebola e quanto que es y adelant.
De pies de cauallo los ques pudieron escapar.
Robauan el campo e pienssan se de tornar:
Entrauan a Muruiedro con estas gananças que traen grandes.
Las nueuas de Myo Çid, sabet, sonando van.
Miedo an en Valençia que non saben, que se far:
Sonando van sus nueuas alent parte del mar.
Alegre era el Çid e todas sus compannas,
Que Dios le aiudara e fiziera esta arrancada.
Dauan sus corredores e fazien las tras nochadas.
Legan a Guiera e legan a Xatiua:
Avn mas ayusso, a Deyna la casa.
Cabo del mar, tierra de moros firme la quebranta.
Ganaron Penna Cadiella, las exidas e las entradas.
Quando el Çid Campeador ouo Penna Cadiella,
Males pesa en Xatiua e dentro en Guiera.
Non es con recabdo el dolor de Valençia.
Eu tierra de moros prendiendo e ganando,
E durmiendo los dias e las noches tranochando,
En ganar aquelas villas Myo Çid duro III annos.
A los de Valençia escarmentados los han:
Non osan fueras exir nin con el se aiuntar:

Taiauan les las huertas e fazia les grand mal.
En cada vno destos annos Myo Çid les tolio el pan.
Mal se aquexan los de Valençia que non sabent ques far:
De ninguna part que sea non les vinie pan:
Nin da consseio padre a fijo nin fijo a padre,
Nin amigo a amigo nos pueden consolar.
Mala cuenta es, sennores, aver mingua de pan.
Ffijos e mugieres ver lo murir de fanbre:
Delante veyen so duelo, non se pueden huuiar.
Por el rey de Marruecos ouieron a enbiar:
Con el de los Montes Claros auyen guerra tan grand.
Non les dixo conseio, nin los vino huuiar.
Sopolo Myo Çid, de coraçon le plaz.
Salio de Muruiedro vna noch en trasnochada:
Amaneçio a Myo Çid en tierras de Mon Real.
Por Aragon e por Nauarra pregon mando echar,
A tierras de Castiella enbio sus menssaies:
Quien quiere perder cueta e venir a rritad,
Viniesse a Myo Çid que a sabor de caualgar:
Çercar quiere a Valençia pora christianos la dar.
Quien quiere yr comigo çercar a Valençia,
Todos vengan de grado, ninguno non ha premia,
Tres dias le sperare en Canal de Çelfa.
Esto dixo Myo Çid el que en buen ora nasco.
Tornauas a Muruiedro ca el se la a ganada.
Andidieron los pregones, sabet, a todas partes.
Al sabor de la ganançia non le quiere detardar.
Grandes yentes se le acoien de la buena christiandad.
Creçiendo ua en riqueza Myo Çid el de Biuar.

Quando vio Myo Çid las gentes iuntadas, conpeços de pagar.
Myo Çid don Rodrigo non lo quiso detardar.
Adelino pora Valençia e sobrellas va echar.
Bien la çerca Myo Çid, que non y auya hart:
Viedales exir e viedales entrar.
Sonando van sus nueuas todas a todas partes.
Mas le vienen a Myo Çid, sabet que nos le van.
Metiola en plazo si les viniessen huuyar.
Nueue meses complidos, sabet, sobrella yaz.
Quando vino el dezeno ouieron gela a dar:
Grandes son los gozos que van por es logar.
Quando Myo Çid entro a Valençia e entro en la cibdad,
Los que fueron de pie caualleros se fazen.
El oro e la plata quien vos lo podrie contar?
Todos eran ricos quantos que ali ha.
Myo Çid don Rodrigo la quinta mando tomar.
En el auer monedado XXX mill marcos le caen:
E los otros aueres quien los podrie contar?
Alegre era el Campeador con todos los que ha,
Quando su senna cabdal sedie en somo del alcaçar.
Ya folgaua Myo Çid con todas sus conpannas.
Aquel rey de Seuilla el mandado legaua,
Que presa es Valençia que non gela enparan.
Vino los ver con XXX mill de armas.
Apres de la verta ouieron la batalla:
Arrancolos Myo Çid el de la luenga barba:
Ffata dentro en Xatiua duro el arrancada.
En el passar de Xucar y veriedes barata:
Moros en aruenço amidos beuer agua.
Aquel rey de Marruecos con tres colpes escapa.

Tornado es Myo Çid con toda esta ganançia.
Buena fue la de Valençia quando ganaron la casa:
Mas mucho fue prouechosa, sabet, esta arancada.
A todos los menores cayeron C marcos de plata.
Las nueuas del cauallero ya vedes do legauan:
Grand alegria es entre todos essos christianos,
Con Myo Çid Ruy Diaz el que en buen ora nasco.
Ya le creçe la barba, e vale allongando.
Dixo Myo Çid de la su boca a tanto:
Por amor del rey Alffonsso, que de tierra me a echado,
Nin entrarie en ela tigera, ni vn pelo non aurie taiado,
E que fablassen desto moros e christianos.
Myo Çid don Rodrigo en Valençia esta folgando:
Con el Mynaya Albarffanez que nos le parte de so braço.
Los que exieron de tierra de ritad son abondados:
A todos les dio en Valençia casas e heredades:
De que son pagados, el amor de Myo Çid ya lo yuan prouando.
Los que fueron con el, e los de despues, todos son pagados.
Violo Myo Çid que con los averes que auien tomados,
Que sis pudiessen yr, fer lo yen de grado.
Esto mando Myo Çid, Minaya lo ouo consseiado:
Que ningun omne de los sos ques le non spidies, o nol besas la mano,
Sil pudiessen prender, o fuesse alcançado,
Tomassen le el auer e pusiessen le en vn palo.
Afeuos todo aquesto puesto en buen recabdo.

Con Minaya Albar Fanez el se ua conseiar:
Si uos quisieredes Minaya, quiero saber recabdo
De los que son aqui e comigo ganaron algo:
Meter los he en escripto, e todos sean contados:
Que si algunos furtare, o menos le fallaren, el auer
    me aura a tornar.
Aquestos myos vassalos que curian a Valençia e
    andan arobdando.
Ali, dixo Minaya conseio es aguisado.
Mando los venir a la corth e a todos los iuntar.
Quando los fallo por cuenta, fizo los nonbrar.
Tres mill e seys çientos auie Myo Çid el de Biuar.
Alegras le el coraçon e tornos a sonrrisar:
Grado a Dios, Mynaya, e a sancta Maria Madre!
Con mas pocos yxiemos de la casa de Biuar.
Agora auemos riqueza, mas auremos adelant.
Si a uos ploguiere, Minaya, e non uos caya en
    pesar,
Enbiar uos quiero a Castiella do auemos
    heredades,
Al rey Alfonsso myo sennor natural.
Destas mis gananças que auemos fechas aca,
Dar le quiero C cauallos, e uos yd gelos leuar.
Desi por mi besalde la mano, e firme gelo rogad
Por mi mugier e mis fijas, si fuere su merçed,
Quem las dexe sacar.
Enbiare por ellas, e uos sabet el mensage:
La mugierde Myo Çid e sus fijas las ynffantas
De guisa yran por ellas que a grand ondra vernan
A estas tierras estranas que nos pudiemos ganar.
Essora dixo Minaya, de buena voluntad.
Pues esto an fablado, pienssan se de adobar.

Ciento omnes le dio Myo Çid a Albar Fanez por
    seruir le en la carrera:
E mando mill marcos de plata a San Pero leuar,
E que los diesse al abbat don Sancho.
En estas nueuas todos sea alegrando.
De parte de orient vino vn coronado,
El obispo don Ieronimo so nombre es lammado:
Bien entendido es de letras e mucho acordado:
De pie e de cauallo mucho era areziado.
Las puertas de Myo Çid andaualas demandando:
Sospirando el obispo ques viesse con moros en el
    campo:
Que sis fartas lidiando e firiendo con sus manos,
A los dias del sieglo non le lorassen christianos.
Quando lo oyo Myo Çid de aquesto fue pagado.
Oyd, Minaya Albar Fanez, por aquel que esta en
    alto:
Quando Dios prestar nos quiere, nos bien gelo
    gradescamos:
En tierras de Valençia fer quiero obispado
E dar gelo a este buen christano.
Vos quando ydes a Castiella leuaredes buenos
    mandados.
Plogo a Albar Fanez de lo que dixo don Rodrigo:
A este don Ieronimo yal otorgan por obispo:
Dieron le en Valençia o bien puede estar rico.
Dios que alegre era todo christianismo,
Que en tierras de Valençia sennor avie obispo!
Alegre fue Minaya e spidios e vinos.
Tierras de Valençia remanidas en paz,
Adelinno pora Castiella Minaya Albar Fanez.
Dexare uos las posadas, non las quiero contar.

Demando por Alfonsso do lo podrie fallar.
Ffuera el rey a San Fagunt a vn poco ha:
Tornos a Carrion, y lo podrie fallar:
Alegre fue de aquesto Minaya Albar Fanez:
Con esta presenteia adelino pora alla:
De missa era exido essora el rey Alfonsso.
Afe Minaya Albar Fanez do lega tan apuesto,
Finco sos ynoios ante todel pueblo:
A los pies del rey Alfonsso cayo con grand duelo:
Besaua le las manos e fablo tan apuesto:
Merçed, sennor Alfonsso, por amor del Criador,
Besaua uos las manos Myo Çid lidiador:
Los pies e las manos commo a tan buen sennor:
Quel ayades merçed, si uos uala el Criador.
Echastes le de tierra, non ha la uuestra amor:
Mager en tierra agena, el bien faze lo so.
Gannada a Xerica e a Ondra por nombre,
Priso a Almenar e a Muruiedro que es miyor:
Assi fizo Çebolla e adelant Casteion:
E Penna Cadiella que es vna penna fuert.
Con aquestas todas de Valençia es sennor.
Obispo fizo de su mano el buen Canpeador:
E fizo çinco lides canpales e todas las arranco.
Grandes son las gananças que le dio el Criador.
Ffeuos aqui las sennas, verdad uos digo yo:
Çient cauallos gruessos e corredores:
De siellas e de frenos todos guarnidos son,
Besa uos las manos e que los prendades uos.
Razonas por vuestro vassallo, e a uos tiene por
   sennor.
Alço la mano diestra, el rey se sanctigo

De tan fieras ganançias commo a fechas el Canpeador.
Si me vala sant Esidro, plazme de coraçon:
E plazem de las nueuas que faze el Campeador.
Reçibo estos cauallos quem enbia de don:
Mager plogo al rey mucho, peso a Garci Ordonnez.
Semeia que en tierra de moros non ha biuo omne,
Quando assi faze a su guisa el Çid Campeador.
Dixo el rey al conde: dexad essa razon,
Que en todas guisas miior me sirue que uos.
Ffablaua Minaya y a guisa de varon:
Merçed uos pide el Çid, si uos cayesse en sabor,
Por su mugier donna Ximena e sus fijas amas ados,
Saldrien del monesterio do elle las dexo,
E yrien pora Valençia al buen Campeador:
Essora dixo el rey, plaz me de coraçon.
Hyo les mandare dar conducho mientra que por mi tierra fueren.
De fonta e de mal curialdas e de desonor.
Quando en cabo de mi tierra aquestas duennas fueren,
Catad commo las siruades uos e el Campeador.
Oyd me, escuellas, e toda la mi cort:
Non quiero que nada pierda el Campeador.
A todas las escuellas que a el dizen sennor,
Porque los deserede, todo gelo suelto yo.
Siruan le sus heredades do fuere el Campeador.
Atreguo les los cuerpos de mal e de ocasion.
Por tal fago aquesto que siruan a so sennor.
Minaya Albar Fanez las manos le beso.
Sonrrisos el rey, tan velido fablo:

Los que quisieren yr seruir al Campeador,
De mi sean quitos, e vayan a la graçia del Criador:
Mas ganaremos en esto que en otra desonor.
Aqui entraron en fabla los ynffantes de Carrion:
Mucho creçen las nueuas de Myo Çid el
    Campeador:
Bien casariemos con sus fijas pora huebos de pro:
Non la osariemos acometer nos esta razon.
Mio Çid es de Biuar e nos de los condes de
    Carrion.
Non lo dizen a nadi, e finco esta razon.
Minaya Albar Fanez al buen rey se espidio:
Hya uos ydes, Mynaya, yd a la graçia del Criador.
Leuedes vn portero, tengo que uos aura pro.
Si leuaredes las duennas, siruan las a su sabor.
Ffata dentro en Medina denles quanto huebos les
    fuer:
Desi adelant piensse dellas el Campeador.
Espidios Mynaya e vasse de la cort.
Los ynffantes de Carrion dando yuan conpanna a
    Minaya Albar Fanez.
En todo sodes pro, en esto assi lo fagades:
Saludad nos a Myo Çid el de Biuar:
Somos en so pro quanto lo podemos far.
El Çid que bien nos quiera nada non perdera.
Respuso Mynaya: esto non me a por que pesar.
Hydo es Mynaya, tornansse los ynffantes.
Adelino pora San Pero o las duennas estan.
Tan grand fue el gozo quandol vieron assomar.
Deçido es Mynaya a ssan Pero va rogar.
Quando acabo la oraçion a las duennas se torno.
Omilom, donna Ximena, Dios vos curie de mal.

Assi ffaga a uuestras fijas amas.
Saluda uos Myo Çid alla ond de elle esta,
Sano lo dexe e con tan grand rictad.
El rey por su merçed sueltas me uos ha,
Por leuaros a Valençia que auemos por heredad.
Si uos viesse el Çid sannas e sin mal,
Todo serie alegre que non aurie ningun pesar.
Dixo donna Ximena: el Criador lo mande.
Dio tres caualleros Mynaya Albar Fanez:
Enviolos a Myo Çid a Valençia do esta:
Dezid al Canpeador que Dios le curie de mal:
Que su mugier e sus fijas el rey sueltas me las ha:
Mientra que fueramos por sus tierras conducho nos mando dar:
De aquestos XV dias, si Dios nos curiare de mal,
Seremos yo e su mugier e sus fijas que el a,
Hy todas las duennas con ellas quantas buenas ellas han.
Hydos son los caualleros, e dello penssaran.
Remaneçio en San Pero Mynaya Albar Fanez:
Veriedes caualleros venir de todas partes.
Hyr se quiere aValençia a Myo Çid el de Biuar.
Que les touiesse pro rogauan a Albar Fanez.
Diziendo esto Mynaya: esto fere de veluntad.
A Minaya LXV caualleros acreçidol han:
E el se tenie C que aduxiera dalla.
Por yr con estas duennas buenna conpana se faze.
Los quinientos marcos dio Minaya al abbat.
De los otros quinientos dezir uos he que faze:
Minaya a donna Ximina e a sus fijas que ha,
E a las otras duennas que la siruen delant,
El bueno de Minaya pensolas de adobar

De los meiores guarnimientos que en Burgos pudo falar,
Palafres e mulas que non parescan mal.
Quando estas duennas adobadas las han,
El bueno de Minaya penssar quiere de caualgar.
Afeuos Rachel e Vidas a los pies le caen:
Merçed, Minaya, cauallero de prestar:
Desfechos nos ha el Çid, sabet, si no nos val:
Soltariemos la ganançia que nos diesse el cabdal.
Hyo lo vere con el Çid si Dios me lieua ala.
Por lo que auedes fecho buen cosiment y aura.
Dixo Rachel e Vidas, el Criador lo mande;
Si non, dexaremos Burgos, yr lo hemos buscar.
Hydo es pora San Pero Minaya Albar Fanez:
Muchas yentes se le acogen, pensso de caualgar.
Grand duelo es al partir del abbat.
Si uos vala el Criador, Minaya Albar Fanez;
Por mi al Campeador las manos le besad:
Aqueste monesterio no lo quiera olbidar,
Todos los dias del sieglo en leuar lo adelant,
El Çid siempre valdra mas.
Respuso Minaya, fer lo he de veluntad.
Hyas espiden e pienssan de caualgar.
El portero con ellos que los ha de aguardar.
Por la tierra del rey mucho conducho les dan.
De San Pero fasta Medina en V dias van.
Ffelos en Medina las duennas e Albar Fanez.
Direuos de los caualleros que leuaron el menssaie.
Al ora que lo sopo Myo Çid el de Biuar,
Plogol de coraçon e tornos a alegrar:
De la su boca conpeço de fablar:
Qui buen mandadero enbia, tal deue sperar.

Tu, Munno Gustioz, e Pero Vermuez delant:
E Martin Antolinez vn burgales leal:
El obispo don Ieronimo coronado de prestar:
Caualgedes con çiento guisados pora huebos de lidiar:
Por Sancta Maria uos vayades passar:
Vayades a Molina que iaze mas adelant:
Tienela Auegaluon, myo amigo es de paz:
Con otros çiento caualleros bien uos conssigra.
Hyd pora Medina quanto lo pudieredes far.
My mugier e mis fijas con Mynaya Albar Ffanez,
Asi commo a my dixieron hy los podredes falar.
Con grand ondra aduzid melas delant:
E yo ffincare en Valençia que mucho costadom ha.
Grand locura serie si la desenparas.
Yo ffincare en Valençia ca la tengo por heredad.
Esto era dicho, pienssan de caualgar,
E quanto que pueden non fincan de andar.
Troçieron a Sancta Maria, e vinieron albergar a fronta el,
E el otro dia vinieron a Molina posar.
El moro Auegaluon quando sopo el menssaie,
Saliolos reçebir con grant gozo que faze.
Venides los vassallos de myo amigo natural.
A my non me pesa, sabet, mucho me plaze.
Ffablo Munno Gustioz, non spero a nadi:
Mio Çid uos saludaua, e mandolo recabdar:
Con çiento caualleros que priuadol acorrades:
Su mugier e sus fijas en Medina estan:
Que vayades por ellas, adugades gelas aca
E ffata en Valençia dellas non uos partades.
Dixo Auegaluon: fer lo he de veluntad.

Essa noch conducho les dio grand.
A la mannana pienssan de caualgar.
Çiento le pidieron, mas el con doçientos va:
Passan las montanas que son fieras e grandes.
Passaron Mata de Toranz de tal guisa que ningun miedo non han:
Por el val de Arbuxedo pienssan a deprunar:
E en Medina todo el recabdo esta.
Envio dos caualleros Mynaya Albar Fanez que sopiesse la verdad.
Esto non detardo ca de coraçon lo han.
El vno finco con ellos, e el otro torno a Albar Fanez,
Virtos del Campeador a nos vienen buscar.
Afe uos aqui Pero Vermuez e Munno Gustioz, que uos quieren sin hart.
E Martin Antolinez el burgales natural,
E el obispo don Ieronimo cranado leal,
E el alcayaz Auegaluon con sus fuerças que trahe,
Por sabor de Myo Çid de grand ondral dar.
Todos vienen en vno, agora legaran.
Essora, dixo Mynaya, vaymos caualgar.
Esso fue apriessa fecho, que nos quieren de tardar.
Bien salieron den çiento que non pareçen mal,
En buenos cauallos a petrales e a cascaueles,
E a cuberturas de çendales e escudos a los cuellos,
E en las manos lanças que pendones traen:
Que sopienssen los otros de que seso era Albar Fanez.
O cuemo saliera de Castiella Albar Fanez con estas duennas que trahe!
Los que yuan mesurando e legando delant,

Luego toman armas e tornanse a de partar.
Por çerca de Salon tan grandes gozos van:
Don legan los otros, a Minaya Albar Fanez se uan homilar.
Quando lego Auegaluon, dont a oio ha,
Sonrrisando se de la boca, hyualo abraçar.
En el ombro lo saluda ca tal es su husaie:
Tan buen dia conuusco, Minaya Albar Fanez;
Traedes estas duennas poro valdremos mas.
Mugier del Çid lidiador e ssus ffijas naturales,
Ondrar uos hemos todos, ca tal es la su auze.
Mager que mal le queramos, non gelo podremos fer.
En paz o en guerra de lo nuestro abra.
Muchol tengo por torpe qui non conosçe la verdad.
Sonrrisos de la boca Minaya Albar Fanez.
Hy, Auegaluon, amigol sodes sin falla.
Si Dios me legare al Çid e lo vea con el alma,
Desto que auedes fecho uos non perderedes nada.
Vayamos posar, ca la çena es adobada.
Dixo Auengaluon: plazme desta presentaia:
Antes deste terçer dia uos la dare doblada.
Entraron en Medina, siruialos Minaya.
Todos fueron alegres del seruiçio que tomaron.
El portero del rey quitar lo mandaua:
Ondrado es Myo Çid en Valençia do estaua
De tan grand conducho commo en Medinal sacaron.
El rey lo pago todo, e quito se ua Minaya.
Passada es la noche, venida es la mannana:
Oyda es la missa, e luego caualgauan.

Salieron de Medina, e Salon passauan.
Arbuxuelo arriba priuado aguijauan:
El campo de Torançio luegol atrauessauan:
Vinieron a Molina la que Auegaluon mandaua:
El obispo don Ieronimo buen cristiano sin falla,
Las noches e los dias, las duennas aguardando
En buen cauallo en diestro que ua ante sus armas,
Entre el e Albar Fanez hyuan a vna companna.
Entrados son a Molina buena e rica casa.
El moro Auegaluon bien los siruie sin falla:
De quanto que quisieron non ouieron falla:
Avn las ferraduras quitar gelas mandaua.
A Mynaya e las duennas, Dios commo las
   ondraua!
Otro dia mannana luego caualgauan:
Ffata en Valençia siruiales sin falla.
Los sos despendie el moro, que de lo so non tomaua
   nada.
Con estas alegrias e nueuas tan ondradas
Apres son de Valençia a tres leguas contadas,
A Myo Çid el que en buena ora nasco,
Dentro a Valençia lieuan le el mandado.
Alegre fue Myo Çid, que nunqua mas nin tanto:
Ca de lo que mas amaua yal viene el mandado.
Dozientos caualleros mando exir priuado,
Que reçiban a Myanaya e a las duennas fijas dalgo.
El sedie en Valençia curiando e guardando:
Ca bien sabe que Albar Fanez trahe todo recabdo.
Afeuos todos aquestos reçiben a Minaya,
E a las duennas e a las ninnas e a las otras
   conpannas.
Mando Myo Çid a los que ha en su casa

que guardassen el alcaçar e las otras torres altas,
E todas las puertas, e las exidas e las entradas.
E aduxiessen le a Bauieca, poco auie quel ganara.
Avn non sabie Myo Çid el que en buen ora cinxo espada,
Si serie corredor o ssi abrie buena parada.
A la puerta de Valençia do fuesse en so saluo,
Delante su mugier e de sus fijas querie tener las armas.
Reçebidas las duennas a vna grant ondrança,
El obispo don Ieronimo adelant se entraua,
Y dexaua el cauallo, pora la capiella adelinaua
Con quantos que el puede que con oras se acordaron.
Sobrepeliças vestidas e con cruzes de plata
Reçibir salien las duennas e al bueno de Minaya.
El que en buen ora nasco, non lo detardaua:
Ensiellan le a Bauieca, cuberturas le echauan.
Myo Çid salio sobrel, e armas de fuste tomaua.
Vistios el sobregonel, luenga trahe la barba:
Ffizo vna corrida, esta fue tan estranna.
Por nombre el cauallo Bauieca caualga.
Quando ouo corrido, todos se marauillauan.
Des dia se preçio Bauieca en quant grant fue Espanna.
En cabo del cosso Myo Çid desca[ua]lgaua:
Adelino a su mugier e a sus fijas amas.
Quando lo vio donna Ximena, a pies se le echaua:
Merçed, Campeador, en buen ora cinxiestes espada:
Sacada me auedes de muchas verguenças malas.
Afe me, aqui, sennor, yo uuestras fijas e amas:

Con Dios e connusco buenas son e criadas.
A la madre e las fijas bien las abraçaua:
Del gozo que auien de los sos oios lorauan.
Todas las sus mesnadas en grant delent estauan,
Armas teniendo e tablados quebrantando.
Oyd lo que dixo el que en buen ora nasco:
Vos, querida e ondrada mugier, e amas mis fijas,
My coraçon e mi alma,
Entrad comigo en Valençia la casa:
En esta heredad que uos yo he ganada.
Madre e fijas las manos le besauan:
A tan grand ondra ellas a Valençia entrauan.
Adelino Myo Çid con ellas al alcaçar:
Ala las subie en el mas alto logar.
Oios velidos catan a todas partes:
Miran Valençia commo iaze la çibdad:
E del otra parte a oio han el mar.
Miran la huerta espessa es e grand:
Alçan las manos pora Dios rogar.
Desta ganançia commo es buena e grand,
Myo Çid e sus companas tan a grand sabor estan.
El yuierno es exido, que el março quiere entrar.
Dezir uos quiero nueuas de alent partes del mar,
De aquel rey Yucef que en Marruecos esta.
Pesol al rey de Marruecos de Myo Çid don
    Rodrigo,
Que en mis heredades fuerte mientre es metido:
E el non gelo gradeçe si non a Iesu Christo.
Aquel rey de Marruecos aiuntaua sus virtos.
Con L vezes mill de armas todos fueron conplidos.
Entraron sobre mar, en las barcas son metidos.
Van buscar a Valençia a Myo Çid don Rodrigo.

Arribado an las naues fuera eran exidos.
Legaron a Valençia la que Myo Çid a conquista:
Ffincaron las tiendas, e posan las yentes descreydas.
Estas nueuas a Myo Çid eran venidas.
Grado al Criador e al Padre Espirital,
Todo el bien que yo he, todo lo tengo delant.
Con afan gane a Valençia e ela por heredad:
A menos de muert no la puedo dexar.
Grado al Criador e a sancta Maria Madre,
Mis fijas e mi mugier que las tengo aca:
Venidom es deliçio de tierras dalent mar:
Entrare en las armas, non lo podre dexar:
Mis fijas e mi mugier verme an lidiar.
En estas tierras agenas veran las moradas commo se fazen:
Afarto veran por los oios commo se gana el pan.
Su mugier e sus fijas subiolas al alcaçar:
Alçauan los oios, tiendas vieron fincadas.
Ques esto, Çid? si el Criador uos salue!
Ya, mugier ondrada, non ayades pesar:
Riqueza es que nos acreçe marauillosa e grand:
A poco que viniestes pressend uos quieren dar.
Por casar son uuestras fijas, aduzen nos axuuar
A uos grado, Çid, e al Padre Espirital.
Mugier, sed en este palaçio, e si quisieredes en el alcaçar.
Non ayades pauor porque me veades lidiar.
Con la merçed de Dios e de sancta Maria Madre,
Creçem el coraçon por que estades delant:
Con Dios aquesta lid yo la he de arrancar.
Ffincadas son las tiendas e pareçen los aluores:

A vna grand priessa tanien los atamores:
Alegrauas Myo Çid e dixo: tan buen dia es oy.
Miedo a su mugier e quierel quebrar el coraçon:
Assi ffazie a las duennas e a sus fijas amas a dos.
Del dia que nasquieran non vieran tal tremor.
Prisos a la barba el buen Çid Campeador:
Non ayades miedo ca todo es uuestra pro:
Antes destos XV dias si plogiere a Criador,
Aquelos atamores a uos los pondran delant e veredes
    quales son.
Desi an a sser el obispo don Ieronimo
Colgar los han en sancta Maria Madre del
    Criador;
Vocaçion es que fizo el Çid Campeador.
Alegre son las duenas, perdiendo van el pauor.
Los moros de Marruecos caualgan a uigor.
Por las huertas adentro estan sines pauor.
Violo el atalaya e tanxo el esquila:
Prestas son las mesnadas de las yentes christianas.
Adoban se de coraçon e dan salto de la villa.
Dos fallan con los moros cometien los tan ayna.
Sacan los de las huertas mucho afe a guisa.
Quinientos mataron dellos conplidos en es dia.
Bien fata las tiendas dura aqueste alcanz.
Mucho auien fecho, pienssan de caualgar.
Albar Saluadores preso finco alla.
Tornados son a Myo Çid los que comien so pan,
El se lo vio con los oios, cuentan gelo delant.
Alegre es Myo Çid por quanto fecho han.
Oyd me caualleros, non rastara por al.
Oy es dia bueno e meior sera cras:
Por la manana prieta todos armados seades.

Dezir nos ha la missa e penssad de caualgar,
El obispo don Ieronimo soltura nos dara.
Hyr los hemos fferir en el nombre del Criador e del apostol sanct Yague.
Mas vale que nos los vezcamos, que ellos coian el campo.
Essora dixieron todos: damor e de voluntad.
Ffablaua Mynaya, non lo quiso detardar:
Pues esso queredes, Çid, a mi mandedes al:
Dad me CXXX caualleros pora huebos de lidiar,
Quando uos los fueredes ferir entrare yo del otra part:
O de amas o del vna Dios nos valdra.
Essora dixo el Çid: de buena voluntad.
El dia salido e la noch entrada es.
Nos detardan de adobasse essas yentes christianas.
A los mediados gallos antes de la mannana,
El obispo don Ieronimo la missa les cantaua.
La missa dicha grant sultura les daua.
El que aqui muriere lidiando de cara,
Prendol yo los pecados, e Dios le abra el alma.
A uos, Çid don Rodrigo, en buen ora çinxiestes espada:
Hyo uos cante la missa por aquesta mannana.
Pido uos vn don e seam presentado:
Las feridas primeras que las aya yo otorgadas.
Dixo el Campeador: desaqui uos sean mandadas.
Salidos son todos armados por las torres de Valençia.
Mio Çid a los sos vassalos tan bien los acordando
Dexan a las puertas omnes de grant recabdo.
Dio salto Myo Çid en Bauieca el so cauallo:

De todas guarnizones muy bien es adobado.
La senna sacan fuera de Valençia dieron salto.
Quatro mill menos XXX con Myo Çid van a cabo:
A los çinquenta mill van los ferir de grado.
Aluar Aluarez, e Minaya Albar Fanez
Entraron les del otro cabo.
Plogo al Criador e ouieron los de arrancar.
Myo Çid enpleo la lança, al espada metio mano.
A tantos mata de moros que non fueron contados:
Por el cobdo ayuso la sangre destellando.
Al rey Yuçef tres colpes le ouo dados:
Salios le de Sol espada, ca muchol andido el
    cauallo:
Metios le en Guiera vn castiello palaçiano.
Myo Çid el de Biuar fasta alli lego en alcanz,
Con otros quel consigen de sus buenos vassallos.
Desdalli se torno el que en buen ora nasco:
Mucho era alegre de lo que an caçado:
Ali preçio a Bauieca de la cabeça fasta a cabo.
Todo esta ganançia en su mano a rastado.
Los L mill por cuenta fueron notados:
Non escaparon mas de çiento e quatro.
Mesnadas de Myo Çid robado an el campo.
Entre oro e plata fallaron tres mill marcos.
Las otras gananças non auya recabdo.
Alegre era Myo Çid e todos sos vasallos,
Que Dios les ouo merçed que vençieron el campo,
Quando al rey de Marruecos assi lo an arrancado,
Dexo Albar Fanez por saber todo recabdo.
Con C caualleros a Valençia es entrado.
Ffronzida trahe la cara, que era desarmado:
Assi entro sobre Bauieca el espada en la mano:

Reçibien lo las duennas que lo estan esperando:
Myo Çid finco antellas e touo la ryenda al cauallo:
A uos me omillo, duennas, grant prez uos he gannado:
Vos teniendo Valençia, e yo vençi el campo.
Esto Dios se lo quiso con todos los sos santos.
Quando en vuestra venida tal ganançia nos an dada.
Vedes el espada sangrienta e sudiento el cauallo:
Con tal cum esto se vençen moros del campo.
Rogand al Criador que uos biua algunt anno.
Entraredes en prez, e besaran uuestras manos.
Esto dixo Myo Çid, diçiendo del cauallo.
Quandol vieron de pie que era descaualgado,
Las duennas e las fijas e la mugier que vale algo,
Delant el Campeador los ynoios fincaron,
Somos en uuestra merçed, e biuades muchos annos!
En buelta con el entraron al palaçio,
E yuan posar con el en vnos preçiosos escannos.
Hya, mugier donna Ximena, nom lo auiedes rogado?
Estas duennas que aduxiestes que uos siruen tanto,
Quiero las casar con de aquestos myos vassallos:
Acada vna dellas do les CC marcos de plata:
Que lo sepan en Castiella, aquien siruieron tanto.
Lo de uuestras fijas venir sea mas por espaçio.
Leuantaron se todas e besaron le las manos:
Grant fue el alegria que fue por el palaçio.
Commo lo dixo el Çid assi lo han acabado.
Mynaya Albar Fanez fuera era en el campo,
Con todas estas yentes escriuiendo e contando,

Entre tiendas e armas e vestidos preçiados
Tanto fallan desto que es cosa sobeiaina.
Quiero uos dezir lo que es mas granado:
Non pudieron ellos saber la quenta de todos los
    cauallos.
Que andan arriados e non ha qui tomalos.
Los moros de las tierras ganado se an y algo.
Mager de todo esto el Campeador contado
De los buenos e otorgados cayeron le mill e D
    cauallos.
Quando a Myo Çid cayeron tantos, los otros bien
    pueden fincar pagados.
Tanta tienda preçiada e tanto tendal obrado
Que a ganado Myo Çid con todos sus vassallos.
La tienda del rey de Marruecos que de las otras es
    cabo,
Dos tendales la sufren, con oro son labrados,
Mando Myo Çid Ruy Diaz que fita souiesse la
    tienda,
E non la tolliesse dent christiano,
Tal tienda commo esta que de Maruecos es
    passada,
Enbiar la quiero a Alfonsso el castellano,
Que crouiesse sos nueuas de Myo Çid que auie
    algo.
Con aquestas riquezas tantas a Valençia son
    entrados.
El obispo don Iheronimo caboso coronado
Quando es farto de lidiar con amas las sus manos,
No tiene en cuenta los moros que ha matados:
Lo que caye a el mucho era sobeiano.
Myo Çid don Rodrigo el que en buen ora nasco,

De toda la su quinta el diezmo la mandado.
Alegres son por Valençia las yentes christianas:
Tantos auien de aueres de cauallos e de armas.
Alegre es donna Ximena e sus fijas amas,
E todas las otras duennas que tienen por casadas.
El bueno de Myo Çid non lo tardo por nada.
Do sodes caboso venid aca Mynaya:
De lo que a uos cayo vos non gradeçedes nada.
Desta mi quinta digo uos sin falla
Prended lo que quisieredes, lo otro remanga:
E cras ha la mannana yr uos hedes sin falla.
Con cauallos desta quinta que yo he ganada,
Con siellas e con frenos e con sennas espadas
Por amor de mi mugier e de mis fijas amas:
Porque assi las enbio dond ellas son pagadas.
Estos dozientos cauallos yran en presentaias,
Que non diga mal el rey Alfonsso del que Valençia manda.
Mando a Pero Vermuez que fuesse con Mynaya.
Otro dia manana priuado caualgauan,
E dozientos omnes lieuan en su conpanna.
Con saludes del Çid que las manos le besaua.
Desta lid que ha arrancada CC cauallos le enbiaua en presentaia:
E seruir lo he sienpre mientra que ouisse el alma.
Salidos son de Valençia e pienssan de andar.
Talles gananças traen que son a aguardar.
Andan los dias e las noches e passada han la sierra,
Que las otras tierras parte.
Por el rey don Alfonsso tornan sse a preguntar.
Passando van las sierras e los montes e las aguas:
Legan a Valadolid do el rey Alfonsso estaua.

Enviauan le mandado Pero Vermuez e Mynaya,
Que mandasse reçebir a esta conpanna.
Myo Çid el de Valençia enbia su presentaia.
Alegre fue el rey non viestes atanto:
Mando caualgar apriessa todos sos fijos dalgo
Hyen los primeros el rey fuera dio salto,
A uer estos mensaies del que en buen ora nasco.
Los ynfantes de Carrion sabet ys açercaron,
El conde don Garçia so enemigo malo.
A los vnos plaze e a los otros va pesando.
A oio lo auien los del que en buen ora nasco.
Cuedan se que es almofalla, ca non vienen con
    mandado.
El rey don Alfonsso seyse sanctiguando.
Mynaya e Pero Vermuez adelante son legados:
Ffirieron se a tierra, deçendieron de los caualos:
Antel rey Alfonsso los ynoios fincados,
Besan la tierra e los pies amos:
Merçed, rey Alfonsso, sodes tan ondrado:
Por Myo Çid el Campeador todo esto vos
    besamos:
A uos lama por sennor, e tienes por uuestro
    vasallo:
Mucho preçia la ondra Çid quel auedes dado.
Pocos dias ha, rey, que vna lid a arrancado,
A aquel rey de Marruecos Yuçeff por nombrado:
Con çinquenta mill arrancolos del campo:
Las gananças que fizo mucho son sobeianas:
Ricos son venidos todos los sos vassallos:
E enbia uos dozientos cauallos, e besa uos las
    manos.
Dixo el rey don Alfonsso: reçibolos de grado:

Gradescolo a Myo Çid que tal don me ha enbiado:
Avn vea ora que de mi sea pagado.
Esto plogo a muchos e besaron le las manos.
Peso al conde don Garcia, e mal era yrado:
Con X de sus parientes aparte dauan salto.
Marauilla es del Çid que su ondra creçe tanto.
En la ondra que el ha nos seremos abiltados.
Por tan biltada mientre vençer reyes del campo:
Commo si los falasse muertos aduzir se los
    cauallos.
Por esto que el faze nos abremos enbargo.
Ffablo el rey don Alfonsso e dixo esta razon:
Grado al Criador e al sennor sant Esidro el de
    Leon:
Estos dozientos cauallos quem enbia Myo Çid
Myo reino adelant mejor me podra seruir.
A uos Minaya Albar Fanez e a Pero Vermuez aqui,
Mando uos los cuerpos ondrada mientre seruir e
    vestir,
E guarnir uos de todas armas commo uos dixieredes
    aqui,
Que bien parescades ante Ruy Diaz Myo Çid:
Douos III cauallos e prended los aqui.
Assi commo semeia e la veluntad me lo diz,
Todas estas nueuas a bien abran de venir.
Besaron le las manos e entraron a posar.
Bien los mando seruir de quanto huebos han.
De los ynffantes de Carrion yo uos quiero contar.
Ffablando en su consseio auiendo su poridat.
Las nueuas del Çid mucho van adelant.
Demandemos sus fijas pora con ellas casar:
Crezremos en nuestra ondra e yremos adelant.

Vinien al rey Alfonsso con esta poridat:
Merçed uos pidimos commo a rey e a sennor natural:
Con uuestro conssejo lo queremos fer nos,
Que nos demandedes fijas del Campeador:
Casar queremos con ellas a su ondra e a nuestra pro.
Vna grant ora el rey pensso e comidio:
Hyo eche de tierra al buen Campeador:
E faziendo yo ha el mal, e el a mi grand pro,
Del casamiento non se sis abra sabor.
Mas pues vos lo queredes, entremos en la razon.
A Mynaya Albar Fanez e a Pero Vermuez
el rey don Alfonsso essora los lamo:
A vna quadra el en los aparto.
Oydme Mynaya e vos Pero Vermuez:.
Siruem Myo Çid el Campeador, el lo a mereçer yo:
E de mi abra perdon: viniessem a vistas, si ouiesse dent sabor.
Otros mandados ha en esta mi cort:
Diego e Ferrando los ynffantes de Carrion
Sabor han de casar con sus fijas amas a dos.
Sed buenos menssajeros e ruego uos lo yo
Que gelo digades al buen Campeador:
Abra y ondra e creçra en onor,
Por conssagrar con los ynffantes de Carrion.
Ffablo Minaya e plogo a Pero Vermuez:
Rogar gelo emos lo que dezides uos:
Despues faga el Çid lo que ouiere sabor.
Diredes a Ruy Diaz el que en buen ora nasco,
Quel yre a vistas do fuere aguisado:
Do el dixiere, y sea el moion.

Andar le quiero a Myo Çid en toda pro.
Despidiensse al rey, con esto toniados son:
Van pora Valençia ellos e todos los sos.
Quando lo sopo el buen Campeador,
Apriessa caualga, a reçebir los salio:
Sonrrisos Myo Çid e bien los abraço.
Venides Mynaya, e vos Pero Vermuez:
En pocas tierras a tales dos varones.
Commo son las saludes de Alfonsso myo sennor?
Si es pagado o reçibio el don?
Dixo Mynaya dalma e de coraçon
Es pagado, e dauos su amor.
Dixo Myo Çid: grado al Criador!
Esto diziendo conpieçan la razon:
Lo quel rogaua Alfonsso el de Leon,
De dar sus fijas a los ynfantes de Carrion,
Quel connosçie y ondra e creçie en onor.
Que gelo connsseiaua dalma e de coraçon.
Quando lo oyo Myo Çid el buen Campeador,
Vna grand ora pensso e comidio.
Esto gradesco a Christus el myo sennor:
Echado fui de tierra e tollida la onor.
Con grand afan gane lo que he yo:
A Dios lo gradesco que del rey he su graçia:
E pidenme mis fijas pora los ynfantes de Carrion.
Ellos son mucho vrgullosos e an part en la cort:
Deste casamiento non auria sabor;
Mas pues lo conseia el que mas vale que nos,
Ffablemos en ello, en la poridad seamos nos.
Afe Dios del çiello que nos acuerde en lo miior.
Con todo esto a uos dixo Alfonsso,
Que uos vernie a vistas do ouissedes sabor.

Querer uos ye ver e dar uos su amor:
Acordar uos yedes despues a todo lo meior.
Essora, dixo el Çid: plazme de coraçon.
Estas vistas o las ayades uos,
Dixo Minaya, uos sed sabidor:
Non era marauilla si quisiesse el rey Alfonsso,
Ffasta do lo fallassemos buscar lo yremos nos,
Por dar le grand ondrr commo a rey de tierra.
Mas lo que el quissiere, esso queramos nos.
Sobre Taio que es un agua cabdal,
Ayamos vistas quando lo quiere myo sennor.
Escriuien cartas, bien las sello:
Con dos caualleros luego las enbio.
Lo que el rey quisiere esso fera el Campeador.
Al rey ondrado delant le echaron las cartas:
Quando las vio de coraçon se paga.
Saludad me a Myo Çid el que en buen ora çinxo
  espada.
Sean las vistas destas III semanas:
Syo biuo so, ali yre sin falla.
Non lo detardan, a Myo Çid se tornauan.
Della part e della pora las vistas se adobauan.
Quien vio por Castiella tanta mula preçiada,
E tanto palafre que bien anda?
Cauallos gruessos e corredores sin falla?
Tanto buen pendon meter en buenas astas:
Escudos boclados con oro e con plata?
Mantos e pielles e buenos çendales dadria?
Conduchos largos el rey enbiar mandaua
A las aguas de Taio, o las uistas son apareiadas.
Con el rey a tantas buenas conpannas.
Los ynffantes de Carrion mucho alegres andan

Lo vno adebdan e lo otro pagauan.
Commo ellos tenien creçer les ya la ganançia:
Quantos quisiessen aueres doro o de plata.
El rey don Alfonsso apriessa caualgaua.
Cuendes e podestades e muy grandes mesnadas:
Los ynffantes de Carrion lieuan grandes
    conpannas.
Con el rey van leoneses e mesnadas galizianas.
Non son en cuenta, sabet, las castellanas.
Sueltan las riendas, e las vistas se uan adelinnadas.
Dentro en Vallençia Myo Çid el Campeador
Non lo detarda, pora las vistas se adobo.
Tanta gruessa mula e tanto palafre de sazon,
Tanta buena arma, e tanto buen cauallo coredor,
Tanta buena capa e mantos e pelliçones
Chicos e grandes vestidos son de colores.
Mynaya Albar Fanez, e aquel Pero Vermuez,
Martin Munoz, e Martin Antolinez el burgales de
    pro,
El obispo don Ieronimo coranado meior,
Aluar Aluarez, e Aluar Saluadores,
Munno Gustioz el cauallero de pro,
Galind Garçiaz el que fue de Aragon:
Estos se adouan por yr con el Campeador,
E todos los otros que y son.
Aluar Saluadores, e Galind Garciaz el de Aragon
A aquestos dos mando el Campeador que curien a
    Valençia
Dalma e de coraçon, e todos los que en poder dessos
    fossen.
Las puertas del alcaçar que no se abriessen de dia
    nyn de noch.

Dentro es su mugier e sus fijas amas a dos,
En que tiene su alma e su coraçon;
E otras duennas que las siruen a su sabor.
Recabdado ha commo tan buen varon,
Que del alcaçar vna salir non puede,
Ffata ques torne el que en buen ora nasco.
Salien de Valençia aguijan e espolonauan.
Tantos cauallos en diestro gruessos e corredores,
Myo Çid se los gannara, que non gelos dieran en don.
Hyas va pora las vistas que con el rey paro.
De vn dia es legado antes el rey don Alfonsso.
Quando vieron que vinie el buen Campeador,
Reçebir lo salen con tan grand onor.
Don lo ouo a oio el que en buen ora nasco,
A todos los sos estar los mando,
Si non a estos caualleros que querie de coraçon,
Con vnos XV a tierras firio,
Commo lo comidia el que en buen ora naçio.
Los ynoios e las manos en tierra los finco:
Las yerbas del campo a dientes las tomo:
Lorando de los oios tanto auie el gozo mayor.
Asi sabe dar omildança a Alfonsso so sennor.
De aquesta guisa a los pies le cayo.
Tan grand pesar ouo el rey don Alfonsso.
Leuantados en pie, ya, Çid Campeador:
Besad las manos, ca los pies no.
Si esto non feches, non auredes my amor.
Hynoios fitos sedie el Campeador.
Merçed uos pido a uos myo natural sennor:
Assi estando dedes me uuestra amor que lo oyan quantos aqui son.

Dixo el rey: esto fere dalma e de coraçon.
Aqui uos perdono e douos my amor:
En todo myo reyno parte des de oy.
Ffablo Myo Çid e dixo: merçed, yo lo reçibo,
    Alfonsso myo sennor:
Gradescolo a Dios del çielo e despues a uos,
E a estas mesnadas que estan a derredor.
Hynoios fitos las manos le beso.
Leuos en pie e en la bocal saludo:
Todos los demas desto auien sabor.
Peso a Albar Diaz e a Garci Ordonez.
Ffablo Myo Çid e dixo esta razon: esto gradesco al
    Criador,
Quando he la graçia de don Alfonsso myo sennor.
Valer me ha Dios de dia e de noch.
Fuessedes my huesped si uos plogiesse, sennor.
Dixo el rey: non es aguisado oy:
Vos agora legastes, e nos viniemos anoch:
Myo huesped seredes, Çid Campeador:
E cras feremos lo que plogiere a uos.
Beso le la mano, Myo Çid lo otorgo.
Essora se le omillan los ynffantes de Carrion:
Omillamos nos, Çid, en buen ora nasquiestes uos:
En quanto podemos andamos en uuestro pro.
Respuso Myo Çid: assi lo mande el Criador.
Myo Çid Ruy Diaz que en ora buena nasco,
En aquel dia del rey so huesped fue.
Non se puede fartar del, tantol querie de coraçon.
Catandol sedie la barba, que tan aynal creçiera.
Marauillan se de Myo Çid quantos que y son.
Es dia es passado e entrada es la noch:
Otro dia mannana claro salie el Sol.

El Campeador a los sos lo mando
Que adobassen cozina pora quantos que y son.
De tal guisa los paga Myo Çid el Campeador
Todos eran alegres e acuerdan en vna razon.
Passado auie III annos non comieran meior.
Al otro dia mannana assi commo salio el Sol,
El obispo don Ieronimo la missa canto.
Al salir de la missa todos iuntados son:
Non lo tardo el rey, la razon conpeço.
Oyd me, las escuellas, cuendes e ynfançones:
Cometer quiero vn ruego a Myo Çid el
    Campeador:
Asi lo mande Christus que sea a so pro:
Vuestras fijas uos pido don Eluira e donna Sol,
Que las dedes por mugieres a los ynfantes de
    Carrion:
Semeiam el casamiento ondrado e con gran pro:
Ellos uos las piden e mando uos lo yo.
Della e della parte quantos que aqui son,
Los mios e los uuestros que sean rogadores:
Dandos las, Myo Çid, si uos vala el Criador.
Non abria fijas de casar, respuso el Campeador:
Ca non han grant hedand e de dias pequenas son.
De grandes nueuas son los ynfantes de Carrion.
Perteneçen pora mis fijas e avn pora meiores.
Hyo las engendre amas e criastes las uos.
Entre yo y ellas en uuestra merçed somos nos.
Afellas en uuestra mano don Eluira e donna Sol:
Dad las a qui quisieredes uos, ca yo pagado so.
Graçias, dixo el rey, a uos e a tod esta cort.
Luego se leuantaron los ynffantes de Carrion:
Van besar las manos al que en ora buena naçio:

Camearon las espadas antel rey don Alfonsso.
Ffablo el rey don Alfonsso commo tan buen sennor:
Grado e graçias, Çid, commo tan bueno, e primero al Criador,
Que me dades uuestras fijas pora los ynfantes de Carrion.
Daqui las prendo por mis manos a don Eluira e donna Sol,
E dolas por veladas a los ynfantes de Carrion.
Hyo las caso a uuestras fijas con uuestro amor.
Al Criador plega que ayades ende sabor.
Afellos en uuestras manos los ynfantes de Carrion.
Ellos vayan con uusco ca daquen me torno yo.
Trezientos marcos de plata en ayuda les do yo.
Que metan en sus bodas o do quisieredes uos,
Pues fueren en uuestro poder en Valençia la mayor
Los yernos e las fijas todos uuestros fijos son.
Lo que uos plogiere, dellos fet, Campeador.
Myo Çid gelos reçibe, las manos le beso:
Mucho uos lo gradesco commo a rey e a sennor:
Vos casades mis fijas, ca non gelas do yo.
Las palabras son puestas que otro dia mannana
Quando salie el Sol ques tornasse cada vno don salidos son.
Aquis metio en nueuas Myo Çid el Campeador.
Tanta gruessa mula e tanto palafre de sazon,
Conpeço Myo Çid a dar a quien quiere prender so don:
Tantas buenas vestiduras que dalfaya son!
Cada vno lo que pide, nadi nol dize de no.
Myo Çid de los cauallos LX dio en don.

Todos son pagados de las vistas quantos que y son.
Partir se quieren que entrada era la noch.
El rey a los ynfantes alas manos les tomo:
Metiolos en poder de Myo Çid el Campeador.
Evad aqui uuestros fijos quando uuestros yernos son:
Oy de mas sabed que fer dellos, Campeador.
Gradescolo rey, e prendo uuestro don.
Dios que esta en çielo dem dent buen galardon.
Sobrel so cauallo Bauieca Myo Çid salto daua.
Aqui lo digo ante myo sennor el rey Alfonsso:
Qui quiere yr comigo a las bodas, o reçebir mi don,
Daquand vaya comigo cuedo quel aura pro.
Yo uos pido merçed a uos, rey natural:
Pues que casades mys fijas asi commo a uos plaz,
Dad manno a qui las de quando uos las tomades.
Non gelas dare yo con mi mano nin ded non se alabaran.
Respondio el rey: afe aqui Albar Fanez.
Prendellas con uuestras manos e daldas a los ynfantes,
Assi commo yo las prendo daquant commo si fosse delant.
Sed padrino dellos a tod el velar.
Quando uos iuntaredes comigo quem digades la uerdat.
Dixo Albar Fanez: sennor, afe que me plaz.
Tod esto es puesto, sabed, en grant recabdo.
Hya rey don Alfonsso sennor tan ondrado,
Destas vistas que ouiemos, de my tomedes algo.
Trayo uos XX palafres, estos bien adobados:

E XXX cauallos coredores, estos bien enssellados.
Tomad aquesto, e beso uuestras manos.
Dixo el rey don Alfonsso: mucho me auedes enbargado:
Reçibo este don que me auedes mandado.
Plega al Criador con todos los sos sanctos, este plazer
Quem feches que bien sea galardonado.
Myo Çid Ruy Diaz, mucho me auedes ondrado:
De uos bien so seruido, e tengon por pagado.
Avn biuo seyendo, de mi ayades algo.
A Dios uos acomiendo, destas vistas me parto.
Afe, Dios del çielo, que lo ponga en buen logar.
Hyas espidio Myo Çid de so sennor Alfonsso:
Non quiere quel escura, quitol dessi luego.
Veriedes caualleros que bien andantes son,
Besar las manos, espedir se del rey Alfonsso.
Merçed uos sea e fazed nos este perdon:
Hyremos en poder de Myo Çid a Valençia la mayor:
Seremos a las bodas de los ynfantes de Carrion,
E de las fijas de Myo Çid de don Elvira e donna Sol.
Esto plogo al rey, e a todos los solto.
La conpanna del Çid creçe, e la del rey mengo:
Grandes son las yentes que van con el Canpeador:
Adelinan pora Valençia la que en buen punto gano.
E a don Fernando, e a don Diego aguardar los mando,
A Pero Vermuez e Muno Gustioz.
En casa de Myo Çid non a dos meiores

Que sopiessen sos mannas de los ynfantes de Carrion.
Evay Asur Gonzalez que era bulidor,
Que es largo de lengua, mas en lo al non es tan pro.
Grant ondra les dan a los ynfantes de Carrion.
Afelos en Valençia la que Myo Çid ganno:
Quando a ella assomaron, los gozos son mayores.
Dixo Myo Çid a don Pero e a Munno Gustioz:
Dad les vn reyal e a los ynfantes de Carrion
Vos con ellos sed, que assi uos lo mando yo.
Quando viniere la mannana que apuntare el Sol,
Veran a sus esposas a don Eluira e a donna Sol.
Todos essa noch fueron a sus posadas.
Myo Çid el Campeador al alcaçar entraua,
Recibiolo donna Ximena e sus fijas amas.
Venides Campeador en buena ora çinxiestes espada:
Muchos dias uos veamos con los oios de las caras.
Grado al Criador, vengo mugier ondrada,
Hyernos uos adugo de que auremos ondrança.
Gradid melo, mis fijas, ca bien uos he casadas.
Besaron le las manos la mugier e las fijas amas:
E todas las duennas que las siruen.
Grado al Criador e a uos, Çid, barba velida:
Todo lo que uos feches es de buena guisa:
Non seran menguadas en todos uuestros dias.
Quando uos nos casaredes bien seremos ricas.
Mugier donna Ximena, grado al Criador:
A uos digo, mis fijas don Eluira e donna Sol;
Deste uuestro casamiento creçremos en onor,
Mas bien sabet verdad que non lo leuante yo:

Pedidas uos ha e rogadas el myo sennor Alfonsso,
A tan firme mientre e de todo coraçon,
Que yo nulla cosa nol sope dezir de no.
Metiuos en sus manos, fijas, amas a dos.
Bien me lo creades, que el uos casa, ca non yo.
Penssaron de adobar essora el palaçio:
Por el suelo e suso tan bien encortinado:
Tanta porpola e tanto xamed e tanto panno
    preçiado,
Sabor abriedes de ser e de comer en el palaçio.
Todos sus caualleros apriessa son iuntados:
Por los ynffantes de Carrion essora enbiaron.
Caualgan los ynffantes adelant adelinauan al
    palaçio
Con buenas vestiduras e fuerte mientre adobados.
De pie e a sabor, Dios que quedos entraron!
Reçibio los Myo Çid con todos sus vasallos.
A el e a ssu mugier delant se le omillaron,
E yuan posar en vn preçioso escanno.
Todos los de Myo Çid tan bien son acordados.
Estan parando mientes al que en buen ora nasco.
El Campeador en pie es leuantado:
Pues que a fazer lo auemos por que lo ymos
    tardando?
Venit aca, Albar Fanez, el que yo quiero e amo:
Affe amas mis fijas: metolas en uuestra mano.
Sabedes que al rey assi gelo he mandado.
No lo quiero falir por nada de quanto ay parado.
A los ynfantes de Carrion dadlas con uuestra
    mano,
E prendan bendiçiones e bayamos recabdando.
Estonze dixo Minaya: esto fare yo de grado.

Leuantan se derechas e metiogelas en mano.
A los ynfantes de Carrion Minaya va fablando:
Afeuos delant Minaya, amos sodes hermanos:
Por mano del rey Alfonsso que a mi lo ouo mandado,
Douos estas duennas, amas son fijas dalgo:
Que las tomassedes por mugieres a ondra e a recabdo.
Amos las reçiben damor e de grado.
A Myo Çid e a su mugier van besar las manos.
Quando ouieron aquesto fecho salieron del palaçio,
Pora Sancta Maria apriessa adelinnando.
El obispo don Iheronimo vistios tan priuado:
A la puerta de la eclegia sediellos sperando.
Dioles bendictiones, la missa a cantado.
Al salir de la ecclegia caualgaron tan priuado.
A la glera de Valençia fuera dieron salto.
Dios que bien touieron armas el Çid e sus vassallos!
Tres cauallos cameo el que en buen ora nasco.
Myo Çid de lo que veye mucho era pagado.
Los ynfantes de Carrion bien an caualgado:
Tornan se con las duennas, a Valençia an entrado.
Ricas fueron las bodas en el alcaçar ondrado.
E al otro dia fizo Myo Çid fincar VII tablados.
Antes que entrassen a iantar todos los quebrantaron.
Quinze dias conplidos duraron en las bodas:
Hya çerca de los XV dias yas van los fijos dalgo.
Myo Çid don Rodrigo el que en buen ora nasco
Entre palafres e mulas e corredores cauallos,

En bestias sines al C. son mandados;
Mantos e pelliçones e otros vestidos largos.
Non fueron en cuenta los aueres monedados.
Los vassallos de Myo Çid assi son acordados:
Cada vno por si sos dones auien dados.
Qui auer quiere prender bien era abastado.
Ricos tornan a Castiella los que a las bodas legaron.
Hyas yuan partiendo aquestos ospedados;
Espidiendos de Ruy Diaz el que en buen ora nasco,
De todas las duennas e de los fijos dalgo.
Por pagados se parten de Myo Çid e de sus vassallos.
Grant bien dizen dellos ca sera aguisado.
Mucho eran alegres Diego e Ferrando:
Estos fueron fijos del conde don Gonçalo.
Venidos son a Castiella aquestos ospedados.
El Çid e sus hyernos en Valençia son rastados.
Hy moran los ynfantes bien çerca de dos annos:
Los amores que les fazen mucho eran sobeianos.
Alegre era el Çid e todos sus vassallos.
Plega a sancta Maria e al Padre Sancto
Ques page des casamiento Myo Çid o el que lo ouo en algo.
Las coplas deste cantar aquis van acabando:
El Criador uos valla con todos los sos sanctos.

Cantar tercero

En Valençia seye Myo Çid con todos sus vassallos:
Con el amos sus yernos los ynfantes de Carrion.
Yazies en vn escanno durmie el Campeador.
Mala sobreuienta, sabed, que les cuntio:
Salios de la red, e desatos el leon.
En grant miedo se vieron por medio de la cort.
Enbraçan los mantos los del Campeador,
E çercan el escanno e fincan sobre so sennor.
Ferran Gonzalez non vio alli dos alçasse nin camara
    abierta nin torre.
Metios Sol escanno tanto ouo el pauor.
Diego Gonzalez por la puerta salio;
Diziendo de la boca: non vere Carrion.
Tras vna viga lagar metios con grant pauor:
El manto e el brial todo suzio lo saco.
En esto desperto el que en buen ora naçio:
Vio cerçado el escanno de sus buenos varones:
Ques esto mesnadas, o que queredes uos?
Hya, sennor ondrado, rebata nos dio el leon.
Myo Çid finco el cobdo, en pie se leuanto:
El manto trae al cuello, e adelino pora leon.
El leon quando lo vio assi envergonço:
Ante Myo Çid la cabeça premio e el rostro finco.
Myo Çid don Rodrigo al cuello lo tomo,
E lieua lo adestrando, en la red lo metio.
A marauilla lo han quantos que y son,
E tornaron se al palaçio pora la cort.
Myo Çid por sos yernos demando e no los fallo.
Mager los estan lamando, ninguno non responde:

Quando los fallaron e ellos vinieron, assi vinieron sin color:
Non viestes tal guego commo yua por la cort.
Mandolo vedar Myo Çid el Campeador.
Muchos touieron por enbaydos los ynfantes de Carrion.
Ffiera cosa les pesa desto que les cuntio.
Ellos en esto estando don auien grant pesar,
Ffuerças de Marruecos Valençia vienen çercar:
Cinquenta mill tiendas fincadas ha de las cabdales.
Aqueste era el rey Bucar, sil ouiestes contar.
Alegrauas el Çid e todos sus varones,
Que les creçe la ganançia grado al Criador.
Mas, sabed, de cuer les pesa a los ynfantes de Carrion:
Ca veyen tantas tiendas de moros de que non auien sabor.
Amos hermanos apart salidos son:
Catamos la ganançia e la perdida non:
Ya en esta batalla a entrar abremos nos:
Esto es aguisado por non ver Carrion:
Bibdas remandran fijas del Campeador.
Oyo la poridad aquel Munno Gustioz.
Vino con estas nueuas a Myo Çid Ruy Diaz el Campeador:
Euades que pauor han uuestros yernos: tan osados son.
Por entrar en batalla desean Carrion.
Hyd los conortar, si uos vala el Criador:
Que sean en paz, e non ayan y raçion.
Nos conuusco la vencremos e valer nos ha el Criador.

Myo Çid don Rodrigo sonrrisando salio:
Dios uos salue, yernos ynfantes de Carrion:
En braços tenedes mis fijas tan blancas commo el Sol.
Hyo desseo lides, e uos a Carrion.
En Valençia folgad a todo uuestro sabor.
Ca daquelos moros yo so sabidor,
Arrancar me los treuo con la merçed del Criador.
....
Avn vea el ora que uos meresca dos tanto:
En vna conpanna tornados son amos.
Assi lo otorga don Pero cuemo se alaba Ferrando.
Plogo a Myo Çid e a todos sos vassallos.
Avn si Dios quisiere e el Padre que esta en alto.
Amos los myos yernos buenos seran en campo:
Esto van diziendo e las yentes se alegando.
En la veste de los moros los atamores sonando.
A marauilla lo auien muchos dessos christianos,
Ca nunqua lo vieran, ca nueuos son legados.
Mas se marauillan entre Diego e Ferrando.
Por la su voluntad non serien alli legados.
Oyd lo que fablo el que en buen ora nasco:
Ala Pero Vermuez el myo sobrino caro!
Curies me a Diego e curies me a don Fernando:
Myos yernos amos a dos, las cosas que mucho amo:
Ca los moros con Dios non fincaran en canpo.
Hyo uos digo, Çid, por toda caridad,
Que oy los ynfantes a mi por amo non abran:
Curielos quiquier, ca dellos poco min cal.
Hyo con los myos ferir quiero delant.

Vos con los uuestros firme mientre a la çaga tengades:
Si cueta fuere bien me podredes huuiar.
Aqui lego Mynaya Albar Fanez: oyd ya Çid Canpeador leal,
Esta batalla el Criador la fera:
E uos tan dinno que con el auedes part.
Mandad no los ferir de qual part uos semeiar.
El debdo que a cada vno a conplir sera.
Verlo hemos con Dios e con la uuestra auçe:
Dixo Myo Çid: ayamos lo mas de vagar:
Afeuos el obispo don Iheronimo muy bien armado:
Parauas delant al Campeador siempre con la buen auçe,
Oy uos dix la missa de sancta Trinidade:
Por esso sali de mi tierra e vin uos buscar,
Por sabor que auia de algun moro matar.
Mi orden e mis manos querria las ondrar:
E a estas feridas yo quiero yr delant.
Pendon trayo a corças e armas de sennal,
Si plogiesse a Dios querria las ensayar:
Myo coraçon que pudiesse folgar,
E uos, Myo Çid, de mi mas uos pagar.
Si este amor non feches, yo de uos me quiero quitar.
Essora dixo Myo Çid: lo que uos queredes plazme.
Afe los moros a oio yd los ensayar.
Nos daquent veremos commo lidia el abbat.
El obispo don Iheronimo priso a espolonada,
E yua los ferir a cabo del albergada.
Por la su ventura e Dios quel amaua,

A los primeros colpes dos moros mataua de la lança:
El astil ha quebrado e metio mano al espada:
Ensayauas el obispo, Dios que bien lidiaua!
Dos mato con lança, e V con el espada.
Los moros son muchos, derredor le çercauan:
Dauan le grandes colpes, mas nol falssan las armas.
El que en buen ora nasco los oios le fincaua.
Enbraço el escudo, e abaxo el asta:
Aguijo a Bauieca el cauallo que bien anda:
Hyua los ferir de coraçon e de alma.
En las azes primeras el Campeador entraua:
Abatio a VII e a IIII mataua.
Plogo a Dios, aquesta fue el arrancada.
Myo Çid con los suyos cae en alcança.
Veriedes quebrar tantas cuerdas e arrancar se las estacas,
E acostar se los tendales, con huebras eran tantas.
Los de Myo Çid a los de Bucar de las tiendas los sacan:
Sacan los de las tiendas, caen los en alcaz.
Tanto braço con loriga veriedes caer apart.
Tantas cabeças con yelmos que por el campo caen:
Cauallos sin duennos salir a todos partes:
VII migos conplidos duro el segudar.
Myo Çid al rey Bucar cayol en alcaz.
Aca torna Bucar: venist dalent mar.
Verte as con el Çid el de la barba grant:
Saludar nos hemos amos, e taiaremos amistas.
Respuso Bucar al Çid: confonda Dios tal amistad:
El espada tienes desnuda en la mano e veot aguijar:

Asi commo semeia, en mi la quieres ensayar.
Mas si el cauallo non estropieça o comigo non caye,
Non te iuntaras comigo fata dentro en la mar.
Aqui respuso Myo Çid: esto non sera verdad.
Buen cauallo tiene Bucar, e grandes saltos faz.
Mas Bauieca el de Myo Çid alcançando lo va.
Alcançolo el Çid a Bucar a tres braças del mar:
Arriba alço Colada vn grant colpe dadol ha:
Las carbonclas del yelmo tollidas gelas ha:
Cortol el yelmo e librado todo lo hal:
Ffata la çintura el espada legado ha:
Mato a Bucar, al rey de alen mar.
E gano a Tizon que mill marcos doro val:
Vençio la batalla marauillosa e grant.
Aquis ondro Myo Çid, e quantos con el son.
Con estas gananças yas yuan tornando.
Sabet, todos de firme robauan el campo.
A las tiendas eran legados, do estaua
El que en buen ora nasco.
Myo Çid Ruiz Diaz el Campeador contado,
Con dos espadas que el preçiaua algo,
Por la matança vinia tan priuado.
La cara fronzida e almofar soltado;
Cofia sobre los pelos fronzida della ya quanto.
Algo vie Myo Çid de lo que era pagado:
Alço sos oios, esteua adelant catando:
El vio venir a Diego e a Fernando:
Amos son fijos del conde don Gonçalo.
Alegros Myo Çid fermos sonrrisando:
Venides myos yernos, myos fijos sodes amos.
Se que de lidiar bien sodes pagados:

A Carrion de uos yran buenos mandados,
Commo al rey Bucar avemos arrancado.
Commo yo fio por Dios e en todos los sos sanctos,
Desta arrancada nos yremos pagados:
Mynaya Albar Fanez essora es legado:
El escudo trae al cuello e todo espado.
De los colpes de las lanças non auie recabdo:
Aquelos que gelos dieran non gelo auien logrado:
Por el cobdo ayuso la sangre destellando.
De XX arriba ha moros matado.
De todas partes sos vassalos van legando.
Grado a Dios e al Padre que esta en alto,
e a uos, Çid, que en buen ora fuestes nado:
Matastes a Bucar e arrancamos el canpo.
Todos estos bienes de uos son e de uuestros vassallos:
E uuestros yernos aqui son ensayados,
Ffartos de lidiar con moros en el campo.
Dixo Myo Çid: yo desto so pagado.
Quando agora son buenos, adelant seran preçiados.
Por bien lo dixo el Çid, mas ellos lo touieron a mal.
Todas las ganançias a Valençia son legadas.
Alegre es Myo Çid con todas sus conpannas:
Que a la raçion caye seys çientos marcos de plata.
Los yernos de Myo Çid quando este auer tomaron,
Desta arrancada que lo tenien en so saluo,
Cuydaron que en sus dias nunqua serien minguados.
Ffueron en Valençia muy bien arreados:

Conduchos a sazones, buenas pieles e buenos mantos.
Muchos son alegres Myo Çid e sus vassallos.
Grant fue el dia la cort del Campeador,
Despues que esta batalla vençieron e al rey Bucar mato,
Alço la mano, a la barba se tomo:
Grado a Christus que del mundo es Sennor,
Quando veo lo que auia sabor,
Que lidiaran comigo en campo myos yernos amos a dos:
Mandados buenos yran dellos a Carrion.
Commo son ondrados e aver vos grant pro.
Sobeianas son las ganançias que todos an ganadas:
Lo vno es nuestro, lo otro han en saluo.
Mando Myo Çid el que en buen ora nasco,
Desta batalla que han arrancado,
Que todos prisiessen so derecho contado,
Que la su quinta non fuesse olbidado.
Assi lo fazen todos, ca eran acordados.
Cayeron le en quinta al Çid seyx çientos cauallos,
E otras azemillas e camelos largos.
Tantos son de muchos que non serien contados.
Todas estas ganançias fizo el Canpeador.
Grado ha Dios que del mundo es Sennor.
Antes fu minguado, agora rico so,
Que he auer, e tierra, e oro e onor.
E son myos yernos ynfantes de Carrion.
Arranco las lides commo plaze al Criador:
Moros e christianos de mi han grant pauor.
Ala dentro en Marruecos, o las mezquitas son,
Que abran de mi salto quiçab alguna noch:

Ellos lo temen, ca non lo piensso yo.
No los ire buscar, en Valençia sere yo.
Ellos me daran parias con aiuda del Criador:
Que paguen a mi o a qui yo ouier sabor.
Grandes son los gozos en Valençia con Myo Çid el Canpeador
De todas sus conpannas e de todos sus vassallos.
Grandes son los gozos de sus yernos amos a dos.
Daquesta arrancada que lidiaron de coraçon,
Valia de çinco mill marcos ganaron amos a dos.
Muchos tienen por ricos los ynfantes de Carrion.
Ellos con los otros vinieron a la cort.
Aqui esta con Myo Çid el obispo don Iheronimo:
El bueno de Albar Fanez, cauallero lidiador,
E otros muchos que crio el Campeador:
Quando entraron los ynfantes de Carrion,
Reçibiolos Minaya por Myo Çid el Campeador.
Aca venid, cunados, que mas valemos por uos.
Assi commo legaron pagos el Campeador.
Euades aqui, yernos, la mi mugier de pro,
E amas las mys fijas don Eluira e donna Sol:
Bien uos abraçen e siruan uos de coraçon:
Vençiemos moros en campo e matamos
A aquel rey Bucar traydor prouado:
Grado a sancta Maria Madre del nuestro Sennor Dios.
Destos nuestros casamientos uos abredes honor.
Buenos mandados yran a tierras de Carrion.
A estas palabras fablo Feran Gonzalez:
Grado al Criador e a uos Çid ondrado:
Tantos avemos de aueres que no son contados:
Por uos auemos ondra e avemos lidiado:

Pensad de lo otro, que lo nuestro tenemos lo en saluo.
Vassallos de Myo Çid seyen se sonrrisando:
Quien lidiara meior o quien fuera en alcanço;
Mas non fallauan y a Diego ni a Ferrando.
Por aquestos guegos que yuan leuantando,
E las noches e los dias tan mal los escarmentando,
Tan mal se consseiaron estos ynffantes amos.
Amos salieron apart, vera mientre son hermanos.
Desto que ellos fablaron nos parte non ayamos.
Vayamos pora Carrion, aqui mucho detardamos.
Los aueres que tenemos grandes son e sobeianos.
Mientra que visquieremos despender no lo podremos:
Pidamos nuestras mugieres al Çid Campeador:
Digamos que las leuaremos a tierras de Carrion:
Ensennar las hemos do las heredades son:
Sacar las hemos de Valençia de poder del Campeador:
Despues en la carrera feremos nuestro sabor,
Ante que nos retrayan lo que cuntio del leon:
Nos de natura somos de condes de Carrion:
Aueres leuaremos grandes que valen grant valor:
Escarniremos las fijas del Canpeador.
Daquestos aueres sienpre seremos ricos omnes:
Podremos casar con fijas de reyes o de enperadores,
Ca de natura somos de condes de Carrion.
Assi las escarniremos a las fijas del Campeador,
Antes que nos retrayan lo que fue del leon.
Con aqueste consseio amos tornados son.
Ffablo Feran Gonzalez e fizo callar la cort:

Si uos vala el Criador, Çid Campeador,
Que plega a donna Ximena e primero a uos,
E a Mynaya Albar Fanez e a quantos aqui son,
Dad nos nuestras mugieres que auemos a bendiçiones:
Leuar las hemos a nuestras tierras de Carrion:
Meter las hemos en las villas
Que les diemos por arras e por onores.
Veran uuestras fijas lo que auemos nos:
Los fijos que ouieremos en que auran partiçion.
Dixo el Campeador: daruos he mys fijas e algo de lo myo.
El Çid que nos curiaua de assi ser afontado,
Vos les diestes villas e tierras por arras en tierras de Carrion.
Hyo quiero les dar axuuar III mill marcos de plata:
Daruos mulas e palafres muy gruessos de sazon:
Cauallos pora en diestro fuertes e corredores:
E muchas vestiduras de pannos e de çiclatones.
Dar uos he dos espadas a Colada e a Tizon:
Bien lo sabedes uos que las gane aguisa de varon.
Mios fijos sodes amos, quando mis fijas vos do:
Alla me leuades las telas del coraçon.
Que lo sepan en Gallizia e en Castiella e en Leon,
Con que riqueza enbio mios yernos amos a dos.
A mis fijas siruades que uuestras mugieres son:
Si bien las seruides, vos randre buen galardon.
Otorgado lo han esto los ynffantes de Carrion.
Aqui reçiben las fijas del Campeador.
Conpieçan a reçebir lo que el Çid mando.
Quando son pagados a todo so sabor,
Hya mandauan cargar ynffantes de Carrion.

Grandes son las nueuas por Valençia la maior.
Todos prenden armas e caualgan a vigor,
Porque escurren sus fijas del Campeador a tierras de Carrion.
Hya quieren caualgar, en espidimiento son
Amas hermanas don Eluira e donna Sol:
Ffincaron los ynoios antel Çid Campeador:
Merçed uos pedimos, padre, si uos vala el Criador:
Vos nos engendrastes, nuestra madre nos pario:
Delant sodes amos, sennora e sennor:
Agora nos enviades a tierras de Carrion.
Debdo nos es a cunplir lo que mandaredes vos.
Assi uos pedimos merçed nos amas a dos,
Que ayades uuestros menssaies en tierras de Carrion.
Abraçolas Myo Çid e saludolas amas a dos.
El fizo aquesto, la madre lo doblaua:
Andad fijas daqui, el Criador vos vala:
De mi e de uuestro padre bien avedes nuestra graçia:
Hyd a Carrion do sodes heredadas.
Assi commo yo tengo, bien uos he casadas.
Al padre e a la madre las manos les besauan:
Amos las bendixieron e dieron les su graçia.
Myo Çid e los otros de caualgar penssauan:
A grandes guarnimientos a cauallos e armas.
Hya salien los ynffantes de Valençia la clara,
Espidiendos de las duennas e de todas sus compannas.
Por la huerta de Valençia teniendo salien armas.
Alegre va Myo Çid con todas sus compannas.

Violo en los auueros el que en buen ora çinxo espada,
Que estos casamientos non serien sin alguna tacha.
Nos puede repentir que casadas las ha amas.
Oheres, myo sobrino, tu Felez Munoz?
Primo eres de mis fijas amas dalma e de coraçon:
Mandot que vayas con ellas fata dentro en Carrion:
Veras las heredades que a mis fijas dadas son:
Con aquestas nueuas vernas al Campeador.
Dixo Felez Munoz: plazme dalma e de coraçon.
Minaya Albar Fanez ante Myo Çid se paro:
Tornemos nos Çid, a Valençia la mayor:
Que si a Dios ploguiere e al Padre Criador,
Hyr las hemos ver a tierras de Carrion.
A Dios uos hacomendamos, don Eluira e donna Sol:
Atales cosas fed que en plazer caya a nos.
Respondien los yernos, assi lo mande Dios.
Grandes fueron los duelos a la de partiçion.
El padre con las fijas loran de coraçon:
Assi fazian los caualleros del Campeador.
Oyas, sobrino, tu Felez Munoz:
Por Molina yredes, vna noch y iazredes.
Saludad a myo amigo el moro Avengaluon:
Reçiba a myos yernos commo el pudier meior:
Dil que enbio mis fijas a tierras de Carrion:
De lo que ouieren huebos siruan las a so sabor:
Desi escurra las fasta Medina por la mi amor.
De quanto el fiziere yol dar por ello buen galardon.
Cuemo la vnna de la carne ellos partidos son.

Hyas torno pora Valençia el que en buen ora nasçio.
Pienssan se de yr los ynfantes de Carrrion.
Por Sancta Maria d Alua razin fazian la posada:
Aguijan quanto pueden ynfantes de Carrion.
Ffelos en Molina con el moro Avengaluon.
El moro quando lo sopo, plogol de coraçon:
Salio los reçebir con grandes auorozes.
Dios que bien los siruio a todo so sabor!
Otro dia mannana con ellos caualgo,
Con dozientos caualleros escurrir los mando.
Hyuan troçir los montes los que dizen de Luzon.
A las fijas del Çid el moro sus donnas dio:
Buenos sennos cauallos a los ynfantes de Carrion.
Troçieron Arbuxuelo e legaron a Salon:
O dizen el Anssarera ellos posados son.
Tod esto les fizo el moro por el amor del Çid Campeador,
Ellos veyen la riqueza que el moro saco,
Entramos hermanos consseiaron traçion:
Hya pues que adexar auemos fijas del Campeador,
Si pudiessernos matar el moro Avengaluon,
Quanta riqueza tiene auer la yemos nos:
Tan en saluo lo abremos commo lo de Carrion:
Nunqua aurie derecho de nos el Çid Campeador.
Quando esta falssedad dizien los de Carrion,
vn moro latinado bien gelo entendio:
Non tienen poridad, dixolo a Vengaluon.
Acayaz, curiate destos, ca eres myo sennor:
Tu muert oy consseiar a los ynfantes de Carrion.
El moro Avengaluon mucho era buen barragan:
Con dozientos que tiene yua caualgar:

Armas yua teniendo, paros ante los ynfantes:
De lo que el moro dixo a los ynfantes non plaze:
Dezid me, que uos fiz, ynfantes de Carrion?
Hyo siruiendo uos sin art, e uos consseiastes pora mi muert.
Si no lo dexas por Myo Çid el de Biuar,
Tal cosa uos faria que por el mundo sonas,
E luego leuaria sus fijas al Campeador leal:
Vos nunqua en Carrion entrariedes iamas.
Aquim parto de uos commo de malos e de traydores.
Hyre con uuestra graçia, don Eluira e donna Sol,
poco preçio las nueuas de los de Carrion.
Dios lo quiera e lo mande, que de todel mundo es sennor
Daqueste casamiento que grade el Campeador.
Esto les ha dicho, e el moro se torno:
Teniendo yuan armas al troçir de Salon.
Cuemmo de buen seso a Molina se torno.
Ya mouieron de la Anssarera los ynfantes de Carrion:
Acoien se a andar de dia e de noch:
Assiniestro dexan Atineza vna penna muy fuert.
La sierra de Miedes passaron la estonz:
Por los Montes Claros aguijan a espolon:
Assiniestro dexan a Griza que Alamos poblo:
Alli son cannos do a Elpha ençerro:
A diestro dexan a Sant Esteuan, mas cae aluen.
Entrados son los ynfantes al robredo de Corpes:
Los montes son altos, las ramas puian con las nues:
E las bestias fieras que andan aderredor.

Ffalaron vn vergel con vna linpia fuent:
Mandan fincar la tienda ynfantes de Carrion:
Con quantos que ellos traen y iazen essa noch,
Con sus mugieres en braços, demuestran les amor:
Mal gelo cunplieron quando salie el Sol.
Mandaron cargar las azemilas con grandes aueres:
Cogida han la tienda do albergaron de noch:
Adelant eran ydos los de criazon.
Assi lo mandaron los ynfantes de Carrion,
Que non y fincas ninguno, mugier, nin varon,
Si non amas sus mugieres don Eluira e donna Sol:
Deportar se quieren con ellas a todo su sabor:
Todos eran ydos ellos IIII solos son.
Tanto mal comedieron los ynfantes de Carrion:
Bien lo creades, don Eluira e donna Sol,
Aqui seredes escarnidas en estos fieros montes.
Oy nos partiremos e dexadas seredes de nos:
Non abredes part en tierras de Carrion.
Hyran aquestos mandados al Çid Campeador,
Nos vengaremos aquesta por la del leon.
Alli les tuellen los mantos e los pelliçones:
Paran las en cuerpos e en camisas e en çiclatones.
Espuelas tienen calçadas los malos traydores.
En mano prenden las çinchas fuertes e duradores.
Quando esto vieron las duennas, fablaua donna
    Sol:
Por Dios uos rogamos, don Diego e don Ferando,
Dos espadas tenedes fuertes e taiadores:
Al vna dizen Colada e al otra Tizon:
Cortandos las cabeças, martires seremos nos:
Moros e christianos de partiran desta razon:

Que por lo que nos mereçemos no lo prendemos nos.
Atan malos enssienplos non fagades sobre nos.
Si nos fueremos maiadas, abiltaredes a uos:
Retraer nos lo an en vistas o en cortes.
Lo que ruegan las duenas non les ha ningun pro.
Essora les conpieçan a dar los ynfantes de Carrion,
Con las çinchas corredizas maian las tan sin sabor.
Con las espuelas agudas, don ellas an mal sabor,
Ronpien las camisas e las carnes a ellas amas a dos:
Linpia salie la sangre sobre los çiclatones.
Ya lo sienten ellas en los sos coraçones.
Qual ventura serie esta, si ploguiesse al Criador,
Que assomasse essora el Çid Campeador!
Tanto las maiaron que sin cosimente son:
Sangrientas en las camisas e todos los ciclatones.
Canssados son de ferir ellos amos a dos,
Ensayandos amos qual dara meiores colpes.
Hya non pueden fablar don Eluira e donna Sol.
Por muertas las dexaron en el robredo de Corpes:
Leuaron les los mantos e las pieles arminas:
Mas dexan las maridas en briales e en camisas,
E a las aues del monte e a las bestias de la fiera guisa.
Por muertas las dexaron, sabed, que non por biuas.
Qual ventura serie si assomas essora el Çid Campeador!
Los ynfantes de Carrion en el robredo de Corpes
Por muertas las dexaron,
Que el vna al otra nol torna recabdo.

Por los montes do yuan ellos, yuan se alabando:
De nuestros casamientos agora somos vengados:
Non las deuiemos tomar por varraganas,
Si non fuessemos rogados;
Pues nuestras pareias non eran pora en braços.
La desondra del leon assis yra vengando.
Alabandos yuan los ynfantes de Carrion.
Mas yo uos dire daquel Felez Munoz:
Sobrino era del Çid Campeador.
Mandaron le yr adelante, mas de su grado non fue.
En la carrera do yua doliol el coraçon:
De todos los otros aparte se salio:
En vn monte espesso Felez Munoz se metio,
Ffasta que viesse venir sus primas amas a dos,
O que an fecho los ynfantes de Carrion.
Violos venir e oyo vna razon:
Ellos nol vien ni dend sabien raçion.
Sabet bien que si ellos le viessen, non escapara de muert.
Vansse los ynfantes, aguijan a espolon.
Por el rastro tornos Felez Munoz:
Ffallo sus primas amorteçidas amas a dos,
Lamando primas, primas, luego descaualgo.
Arrendo el cauallo a ellas adelino:
Ya primas las mis primas, don Eluira e donna Sol,
Mal se ensayaron los ynfantes de Carrion.
A Dios plega e a sancta Maria que dent prendan ellos mal galardon!
Valas tornando a ellas amas a dos.
Tanto son de traspuestas, que non pueden dezir nada.
Partieron sele las tellas de dentro de los coraçones:

Lamando primas, primas, don Eluira e don Sol!
Despertedes, primas, por amor del Criador!
Que tiempo es el dia ante que entre la noch.
Los ganados fieros non nos coman en aqueste
   mont!
Van recordando don Eluira e donna Sol.
Abrieron los oios e vieron a Felez Munoz.
Esforçad uos primas, por amor del Criador.
De que non me fallaren los ynfantes de Carrion,
A grant priessa sere buscado yo.
Si Dios non nos vale, aqui morremos nos.
Tan a grant duelo fablaua donna Sol:
Si uos lo meresca, myo primo, nuestro padre el
   Campeador,
dandos del agua, si uos vala el Criador.
Con vn sonbrero que tiene Felez Munoz,
Nueuo era e fresco que de Valençial saco,
Cogio del agua en el e a sus primas dio.
Mucho son lazradas e amas las farto.
Tanto las rogo fata que las assento.
Valas conortando e metiendo coraçon
Ffata que esfuerçan e amas las tomo,
E priuado en el cauallo las caualgo:
Con el so manto a amas las cubrio.
El cauallo priso por la rienda e luego dent las part.
Todos tres senneros por los robredos de Corpes,
Entre noch e dia salieron de los montes:
A las aguas de Duero ellos arribados son:
A la torre de don Vrraca elle las dexo.
A Santesteuan vino Felez Munoz:
Ffallo a Diego Tellez el que de Albar Fanez fue.
Quando el lo oyo, pesol de coraçon:

Priso bestias e vestidos de pro;
Hyua reçebir a don Eluira e a donna Sol:
En Santesteuan dentro las metio:
Quanto el meior puede alli las ondro.
Los de Santesteuan siempre mesurados son:
Quando sabien esto pesoles de coraçon.
Allas fijas del Çid dan les esfuerço.
Alli souieron ellas fata que sannas son.
Allavades sean los ynfantes de Carrion.
De cuer peso esto al buen rey don Alfonsso.
Van aquestos mandados a Valençia la mayor.
Quando gelo dizen a Myo Çid el Campeador,
Vna grand ora pensso e comidio:
Alço la su mano, a la barba se tomo:
Grado a Christus que del mundo es Sennor:
Quando tal ondra me an dada los ynfantes de Carrion,
Por aquesta barba que nadi non messo,
Non la lograran los ynfantes de Carrion:
Que a mis fijas bien las casare yo.
Peso a Myo Çid e a toda su cort, e Albar Fanez dalma e de coraçon.
Caualgo Minaya con Pero Vermuez,
E Martin Antolinez el burgales de pro
Con CC caualleros quales Myo Çid mando.
Dixo les fuerte mientre que andidiessen de dia e de noch,
Aduxiessen a sus fijas a Valençia la mayor.
Non lo detardan el mandado de su sennor.
Apriessa caualgan los dias e las noches andan.
Vinieron a Santesteuan de Gormaz vn castiello tan fuert:

Hy albergaron por verdad vna noch.
A Santesteuan el mandado lego,
Que vinie Mynaya por sus primas amas a dos.
Varones de Santesteuan a guisa de muy pros
Reçiben a Minaya e a todos sus varones:
Presentan a Minaya essa noch grant enffurçion.
Non gelo quiso tomar, mas mucho gelo gradio.
Graçias, varones de Santesteuan, que sodes
    connosçedores:
Por aquesta ondra que vos diestes a esto que nos
    cuntio,
Mucho uos lo gradeçe alla do esta Myo Çid el
    Campeador.
Assi lo ffago yo que a qui esto.
Affe Dios de los çielos que uos de dent buen
    galardon!
Todos gelo gradeçen e sos pagados son.
Adelinan a posar pora folgar essa noch.
Minaya va uer sus primas do son.
En el fincan los oios don Eluira e donna Sol,
A tanto uos lo gradimos commo si viessemos al
    Criador.
E uos a el lo gradid, quando biuas somos nos.
En los dias de vagar toda nuestra rencura sabremos
    contar.
Lorauan de los oios las duennas e Albar Fanez:
E Pero Vermuez otro tanto las ha.
Don Eluira e donna Sol, cuydado non ayades:
Quando uos sodes sannas e biuas e sin otro mal:
Buen casamiento perdiestes, meior podredes ganar.
Avn veamos el dia que vos podamos vengar!
Hy iazen essa noche, e tan grand gozo que fazen.

Otro dia mannana pienssan de caualgar.
Los de Santesteuan escurriendo los uan
Ffata rio Damor dando les solaz.
Dallent se espidieron dellos, pienssan se de tornar.
E Minaya con las duennas yua cabadelant.
Troçieron Alcoçeua adiestro de Santesteuan de Gormaz;
O dizen Bado de Rey, alla yuan posar.
A la casa de Berlanga posada prisa han:
Otro dia mannana meten se a andar:
A qual dizen Medina yuan albergar:
E de Medina a Molina en otro dia van.
Al moro Auengaluon de coraçon le plaz:
Saliolos a reçebir de buena voluntad.
Por amor de Myo Çid rica cena les da.
Dent pora Valençia adelinechos van.
Al que en buen ora nasco legaua el menssaie:
Priuado caualga a reçebir los sale.
Armas yua teniendo e grant gozo que f'aze.
Myo Çid a sus fijas yua las abraçar.
Besando las a amas tornos de sonrrisar:
Venides, mis fijas, Dios uos curie de mal!
Hyo tome el casamiento, mas non ose dezir al.
Plega al Criador que en çielo esta,
Que uos vea meior casadas daqui en adelant.
De myos yernos de Carrion Dios me faga vengar!
Besaron las manos las fijas al padre.
Teniendo yuan armas, entraron se a la çibdad.
Grand gozo fizo con ellas donna Ximena su madre.
El que en buen ora nasco non quiso tardar.
Fablos con los sos en su poridad:
Al rey Alfonsso de Castiella pensso de enbiar:

O eres Munno Gustioz myo vassallo de pro?
En buen ora te crie a ti en la mi cort:
Lieues el mandado a Castiella al rey Alfonsso:
Por mi besa le la mano dalma e de coraçon:
Cuemo yo so su vassallo, e el es myo sennor.
Desta desondra que me an fecha los ynfantes de Carrion,
Quel pese al buen rey dalma e de coraçon.
El caso mis fijas ca non gelas di yo.
Quando las han dexadas a grant desonor,
Si desondra y cabe alguna contra nos,
La poca e la grant toda es de myo sennor.
Myos aueres se me an leuado, que sobeianos son.
Esso me puede pesar con la otra desonor.
Aduga melos a vistas, o a iuntas, o a cortes
Commo aya derecho de ynfantes de Carrion:
Ca tan grant es la rencura dentro en mi coraçon.
Munno Gustioz priuado caualgo:
Con el dos caualleros que siruan a so sabor:
E con el escuderos que son de criazon.
Salien de Valençia e andan quanto pueden.
Nos dan vagar los dias e las noches.
Al rey en San Fagunt lo fallo:
Rey es de Castiella e rey es de Leon,
e de las Asturias bien a San Çaluador.
Ffasta dentro en Sanct Yaguo de todo es sennor.
E llos condes gallizanos a el tienen por sennor.
Assi commo descaualga aquel Munno Gustioz,
Omillos a los santos e rogo a Criador:
Adelino poral palaçio do estaua la cort:
Con el dos caualleros quel aguardan cuemmo a ssennor,

Assi commo entraron por medio de la cort
Violos el rey e connoscio a Munno Gustioz.
Leuantos el rey, tan bien los reçibio.
Delant el rey finco los ynoios aquel Munno Gustioz:
Besaba le los pies aquel Munno Gustioz:
Merçed, rey Alfonsso, de largos reynos a uos dizen sennor:
Los pies e las manos vos besa el Campeador:
Ele es vuestro vasallo e uos sodes so sennor:
Casastes sus fijas con ynfantes de Carrion:
Alto fue el casamiento, ca lo quisiestes uos.
Hya uos sabedes la ondra que es cuntida a nos:
Cuemo nos han abiltados ynfantes de Carrion:
Mal maiaron sus fijas del Çid Campeador
Maiadas e desnudas a grande desonor:
Desenparadas las dexaron en el robredo de Corpes,
A las bestias fieras e a las aues del mont.
Afelas sus fijas en Valençia do son.
Por esto uos besa las manos commo vassallo a sennor,
Que gelos leuedes a vistas o a iuntas o a cortes.
Tienes por desondrado, mas la uuestra es mayor:
E que uos pese, rey, commo sodes sabidor:
Que aya Myo Çid derecho de ynfantes de Carrion:
El rey vna grand ora callo e comidio:
Verdad te digo yo, que me pesa de coraçon.
E verdad dizes en esto, tu, Munno Gustioz:
Ca yo case sus fijas con ynfantes de Carrion:
Ffiz lo por bien que ffuesse a su pro:
Si quier el casamiento fecho non fuesse oy!

Entre yo e Myo Çid pesa nos de coraçon.
Aiudar le a derecho, sin salue el Criador,
Lo que non cuydaua fer de toda esta sazon.
Andaran myos porteros por todo myo reyno,
Pregonaran mi cort pora dentro en Tolledo,
Que alla me vayan cuendes e ynfançones.
Mandare commo y vayan ynfantes de Carrion:
E commo den derecho a Myo Çid el Campeador,
E que non aya rencura podiendo yo vedallo.
Dezid le al Campeador que en buen ora nasco:
Que destas VII semanas adobes con sus vassallos,
Vengam a Tolledo, estol do de plazo.
Por amor de Myo Çid esta cort yo fago.
Saludad melos a todos entrellos aya espaçio.
Desto que les abino, avn bien seran ondrados.
Espidios Munno Gustioz, a Myo Çid es tornado.
Assi commo lo dixo, suyo era el cuydado.
Non lo detiene por nada Alfonsso el castellano:
Enbia sus cartas pora Leon e Sanct Yaguo,
A los portogaleses e a galizianos,
E a los de Carrion e a varones castellanos,
Que cort fazie en Tolledo aquel rey ondrado:
A cabo de VII semanas que y fuessen iuntados:
Qui non viniesse ala cort, non se touiesse por su
    vassallo.
Por todas sus tierras assi lo yuan penssando,
Que non saliessen de lo que el rey auye mandado.
Hya les va pesando a los ynfantes de Carrion:
Porque el rey fazie cort en Tolledo:
Miedo han que y verna Myo Çid el Campeador.
Prenden so consseio assi parientes commo son:
Ruegan al rey que los quite desta cort.

Dixo el rey: no lo fere, sin salue Dios:
Ca y verna Myo Çid el Campeador.
Darledes derecho, ca rencura ha de uos.
Qui lo fer non quisiesse, o no yr a mi cort,
Quite myo reyno, cadel non he sabor.
Hya lo vieron que es a fer los ynfantes de Carrion.
Prenden consseio parientes commo son.
El conde don Garçia en estas nueuas fue:
Enemigo de Myo Çid, que siemprel busco mal.
Aqueste consseio los ynfantes de Carrion.
Legaua el plazo, querien yr a la cort.
En los primeros va el buen rey don Alfonsso,
El conde don Anrrich, e el conde don Remond:
Aqueste fue padre del buen enperador.
El conde don Uella, e el conde don Beltran.
Ffueron y de su reyno otros muchos sabidores,
De toda Castiella todos los meiores.
El conde don Garçia con ynfantes de Carrion,
E Asur Gonçalez e Gonçalo Assurez,
E Diego e Ferrando y son amos a dos:
E con ellos grand bando que aduxieron a la cort.
Ebayr le cuydan a Myo Çid el Campeador:
De todas partes alli iuntados son.
Avn non era legado el que en buen ora naçio:
Porque se tarda, el rey non ha sabor.
Al quinto dia venido es Myo Çid el Campeador:
Aluar Fanez adelant enbio,
Que besasse las manos al rey so sennor:
Bien lo sopiesse que y serie essa noch.
Quando lo oyo el rey, plogol de coraçon.
Con grandes yentes el rey caualgo,
E yua reçebir al que en buen ora naçio.

Bien aguisado viene el Çid con todos los sos:
Buenas conpannas que assi an tal sennor.
Quando lovo a oio el buen rey don Alfonsso,
Ffirios a tierra Myo Çid el Campeador.
Biltar se quiere, e ondrar a so sennor.
Quando lo oyo el rey, por nada non tardo.
Para Sant Esidro, verdad, non sera oy.
Caualgad, Çid, si non, non auria ded sabor:
Saludar nos hemos dalma e de coraçon:
De lo que a uos pesa a mi duele el coraçon.
Dios lo mande que por uos se ondre oy la cort.
Amen, dixo Myo Çid el Campeador.
Beso le la mano, e despues le saludo.
Grado a Dios, quando uos veo, sennor:
Omillom a uos e al conde don Remond,
E al conde don Anrrich, e a quantos que y son.
Dios salue a nuestros amigos, e a uos mas, sennor.
Mi mugier donna Ximena duenna es de pro.
Besa uos las manos, e mis fijas amas a dos,
Desto que nos abino que uos pese, sennor.
Respondio el rey: si fago sin salue Dios.
Pora Tolledo el rey tornada da.
Essa noch Myo Çid Taio non quiso passar.
Merçed ya rey, si el Criador uos salue.
Penssad sennor de entrar a la çibdad:
E yo con los myos posare a San Seruan.
Las mis compannas esta noche legaran.
Terne vigilia en aqueste sancto logar.
Cras mannana entrare a la çibdad,
E yre a la cort en antes de iantar.
Dixo el rey: plazme de veluntad.
El rey don Alfonsso a Tolledo es entrado:

Myo Çid Ruy Diaz en San Seruan posado.
Mando fazer candelas e poner en el altar.
Sabor a de velar en essa santidad,
Al Criador rogando e fablando en poridad.
Entre Minaya e los buenos que y ha,
Acordados fueron quando vino la man,
Matines e prima dixieron fazal alba.
Suelta fue la missa antes que saliesse el Sol,
E ssu ofrenda han fecha muy buena e conplida.
Vos, Mynaya Albar Fanez, el myo braço meior,
Vos yredes comigo, e el obispo don Iheronimo,
E Pero Vermuez, e aqueste Munno Gustioz,
E Martin Antolinez el burgales de pro,
E Albar Albarez, e Albar Saluadorez,
E Martin Munoz, que en buen punto naçio.
E myo sobrino Felez Munoz:
Comigo yra Mal anda que es bien sabidor,
E Galind Garçiez el bueno d'Aragon.
Con estos cunplansse çiento de los buenos que y
    son,
Velmezes vestidos por sufrir las guarnizones,
Desuso las lorigas tan blancas commo el Sol.
Sobre las lorigas arminos e peliçones.
E que non parescan las armas, bien prisos los
    cordones.
So los mantos las espadas dulçes e taiadores.
Daquesta guisa quiero yr a la cort
Por demandar myos derechos e dezir mi razon.
Si desobra buscaren ynfantes de Carrion,
Do tales çiento touier bien sere sin pauor.
Respondieron todos: nos esso queremos, sennor.
Assi commo lo a dicho, todos adobados son.

Nos detiene por nada el que en buen ora naçio.
Calças de buen panno en sus camas metio:
Sobrellas vnos çapatos que a grant huebra son.
Vistio camisa de rançal tan blanca commo el Sol,
Con oro e con plata todas las presas son:
Al puno bien estan ca el se lo mando.
Sobrella vn brial primo de çiclaton:
Obrado es con oro pareçen poro son.
Sobresto vna piel vermeia, las bandas doro son.
Siempre la viste Myo Çid el Campeador.
Vna cofia sobre los pelos dun escarin de pro:
Con oro es obrada, fecha por razon
Que non le contalassen los pelos al buen Çid Canpeador.
La barba avie luenga, e prisola con el cordon.
Por tal lo faze esto que recabdar quiere todo lo suyo.
Desuso cubrio vn manto que es de grant valor:
En el abrien que ver quantos que y son.
Con aquestos çiento que adobar mando,
Apriessa caualga, de San Seruan salio.
Assi yua Myo Çid adobado alla cort:
A la puerta de fuera descaualga a sabor.
Cuerda mientra entra Myo Çid con todos los sos:
El va en medio, e los çiento aderredor.
Quando lo vieron entrar al que en buen ora naçio,
Leuantos en pie el buen rey don Alfonsso,
E el conde don Anrrich, e el conde don Remond.
E desi adelant, sabet, todos los otros.
A grant ondra lo reçiben al que en buen ora naçio.
Nos quiso leuantar el Crespo de Granon,
Nin todos los del bando de ynfantes de Carrion.

El rey dixo al Çid: venid aca ser Campeador.
En aqueste escanno quem diestes uos en don,
Mager que algunos pesa, meior sodes que nos.
Essora dixo muchas merçedes el que Valençia ganno:
Sed en uuestro escanno commo rey e sennor:
Aca posare con todos aquestos mios.
Lo que dixo el Çid, al rey plogo de coracon,
En vn escanno torninno essora Myo Çid poso.
Los çiento quel aguardan posan aderredor.
Catando estan a Myo Çid quantos ha en la cort,
A la barba que auie luenga e presa con el cordon.
En los aguisamientos bien semeia varon:
Nol pueden catar de verguença ynfantes de Carrion.
Essora se leuo en pie el buen rey don Alfonsso:
Oyd mesnadas, si uos vala el Criador:
Hyo de que fu rey, non fiz mas de dos cortes:
La vna fue en Burgos, e la otra en Carrion:
Esta terçera a Tolledo la vin fer oy,
Por el amor de Myo Çid el que en buen ora naçio,
Que reçiba derecho de ynfantes de Carrion:
Grande tuerto le han tenido, sabemos lo todos nos.
Alcaldes sean desto el conde don Anrrich, e el conde don Remond:
E estos otros condes que del vando non sodes,
Todos meted y mientes, ca sodes connosçedores,
Por escoger el derecho ca tuerto non mando yo.
Della e della part en paz seamos oy.
Juro por sant Esidro, el que boluiere my cort
quitar me a el reyno, perdera mi amor.
Con el que touiere derecho yo dessa parte me so.

Agora demande Myo Çid el Campeador:
Sabremos que responden ynfantes de Carrion.
Myo Çid la mano beso al rey e en pie se leuanto:
Mucho uos lo gradesco commo a rey e a sennor,
Por quanto esta cort fiziestes por mi amor:
Esto les demando a ynfantes de Carrion:
Por mis fijas quem dexaron yo non he desonor:
Ca uos las casastes, rey, sabredes que fer oy.
Mas quando sacaron mis fijas de Valençia la
    mayor,
Hyo bien las queria dalma e de coraçon.
Diles dos espadas a Colada e a Tizon:
Estas yo las gane a guisa de varon:
Ques ondrassen con ellas e siruiessen a uos.
Quando dexaron mis fijas en el robredo de Corpes,
Comigo non quisieron auer nada e perdieron mi
    amor.
Den me mis espadas quando myos yernos non son.
Atorgan los alcaldes: tod esto es razon.
Dixo el conde don Garçia: a esto nos fablemos.
Essora salien aparte ynffantes de Carrion
Con todos sus parientes e el vando que y son,
Apriessa la yuan trayendo e acuerdan la razon:
Avn grand amor nos faze el Çid Campeador,
Quando desondra de sus fijas no nos demanda oy.
Bien nos abendremos con el rey don Alfonsso:
Demos le sus espadas, quando assi finca la boz,
E quando las touiere partir se a la cort.
Hya mas non aura derecho de nos el Çid
    Canpeador.
Con aquesta fabla tornaron a la cort.

Merçed ya, rey don Alfonsso, sodes nuestro sennor:
No lo podemos negar, ca dos espadas nos dio:
Quando las demanda e dellas ha sabor,
Darge las queremos dellant estando uos.
Sacaron las espadas Colada e Tizon:
Pusieron las en mano del rey so sennor.
Saca las espadas e relumbra toda la cort:
Las maçanas e los arriazes todo doro son:
Marauillan se dellas todos los omnes buenos de la cort.
Reçibio las espadas, las manos le beso:
Tornos al escanno don se leuanto.
En las manos las tiene e amas las cato:
Nos le pueden camear, ca el Çid bien las connosçe.
Alegros le todel cuerpo, sonrrisos de coraçon.
Alçaua a la mano, a la barba se tomo:
Por aquesta barba que nadi non messo,
Assis yran vengando don Eluira e donna Sol.
A so sobrino por nonbrel lamo:
Tendio el braço, la espada Tizon le dio:
Prendet la sobrino, ca meiora en sennor.
A Martin Antolinez el burgales de pro
Tendio el braço el espada Coladal dio:
Martin Antolinez myo vassalo de pro
Prended a Colada, ganela de buen sennor,
Del conde don Remont Verengel de Barçilona la mayor.
Por esso uos la do que la bien curiedes uos.
Se que si uos acaeçiere con ella, ganaredes grand prez e grand valor.
Besole la mano, el espada tomo e reçibio.

Luego se leuanto Myo Çid el Campeador:
Grado al Criador e a uos rey sennor.
Hya pagado so de mis espadas de Colada e de Tizon.
Otra rencura he de ynfantes de Carrion:
Quando sacaron de Valençia mis fijas amas a dos,
En oro e en plata tres mill marcos de plata les dio:
Hyo faziendo esto, ellos acabaron lo so.
Denme mis aueres, quando myos yernos non son.
Aqui veriedes quexar se ynfantes de Carrion.
Dize el conde don Remond: dezid de ssi o de no.
Essora responden ynfantes de Carrion:
Por essol diemos sus espadas al Çid Campeador,
Que al no nos demandasse, que aqui finco la boz.
Si ploguiere al rey assi dezimos nos: Dixo el rey:
A lo que demanda el Çid quel recudades vos.
Dixo el buen rey: assi lo otorgo yo.
Dixo Albar Fanez: leuantados en pie el Çid Campeador,
Destos aueres que uos di yo si me los dades o dedes dello razon.
Essora salien a parte ynfantes de Carrion:
Non acuerdan en consseio, ca los ahueres grandes son:
Espensos los han ynfantes de Carrion.
Tornan con el consseio, e fablauan a sso sabor:
Mucho nos afinca el que Valençia ganno.
Quando de nuestros aueres assil prende sabor,
Pagar le hemos de heredades en tierras de Carrion.
Dixieron los alcaldas quando manfestados son:
Si esso plogiere al Çid, non gelo vedamos nos;
Mas en nuestro iuuizio assi lo mandamos nos:

Que aqui lo entergedes dentro en la cort.
A estas palabras fablo el rey don Alfonsso:
Nos bien la sabemos aquesta razon,
Que derecho demanda el Çid Campeador.
Destos III mill marcos los CC tengo yo:
Entramos me los dieron los ynfantes de Carrion:
Tornar gelos quiero, ca todos fechos son.
Enterguen a Myo Çid el que en buen ora naçio.
Quando ellos los an a pechar non gelos quiero yo.
Ffablo Ferran Gonçalez: aueres monedados non tenemos nos.
Luego respondio el conde don Remond:
El oro e la plata espendiestes lo vos.
Por juuizio lo damos antel rey don Alfonsso:
Pagen le en apreçiadura e prendalo el Campeador.
Hya vieron que es a fer los ynfantes de Carrion.
Veriedes aduçir tanto cauallo corredor:
Tanta gruessa mula, tanto palafre de sazon:
Tanta buena espada con toda guarnizon.
Recibiolo Myo Çid commo apreçiaron en la cort.
Sobre los dozientos marcos que tenie el rey Alfonsso
Pagaron los ynfantes al que en buen ora nasco.
Enprestan les de lo ajeno, que non les cumple lo suyo,
Mal escapan iogados, sabet desta razon.
Estas apreçiaduras Myo Çid presas las ha.
Sos omnes las tienen e dellas penssaran.
Mas quando esto ouo acabado penssaron luego dal.
Merçed ay, rey e sennor, por amor de caridad.
La rencura mayor non se me puede olbidar:

Oyd me toda la cort, e peseuos de myo mal.
De los ynfantes de Carrion quem desondraron tan mal,
A menos de riebtos non los puedo dexar.
Dezid que uos mereçi ynfantes en juego o en vero:
O en alguna razon aqui lo meiorare a juuizio de la cort.
A quem descubriestes las telas del coraçon?
A la salida de Valençia mis fijas vos di yo,
Con muy grand ondra e averes a nombre.
Quando las non queriedes ya canes traydores,
Por que las sacauades de Valençia sus honores?
A que las firiestes a çinchas e a espolones?
Solas las dexastes en el robredo de Corpes
A las bestias fieras e a las aues del mont.
Por quanto les fiziestes menos valedes vos.
Si non recudedes vea lo esta cort.
El conde don Garçia en pie se leuantaua:
Merçed ya, rey, el meior de toda Espanna.
Vezos Myo Çid allas cortes pregonadas:
Dexola creçer e luenga trae la barba.
Los vnos le han miedo e los otros espanta.
Los de Carrion son de natura tal:
Non gelas deuien querer sus fijas por varraganas:
O quien gelas diera por pareias o por veladas.
Derecho fizieron porque las han dexadas:
Quanto el dize non gelo preçiamos nada.
Essora el Campeador prisos a la barba:
Grado a Dios que çielo e tierra manda:
Por esso es luenga que a deliçio fue criada.
Que avedes uos, conde, por retraer la mi barba?
Ca de quando nasco a deliçio fue criada:

Ca non me priso e ella fijo de mugier nada,
Nimb la messo fijo de moro nin de christiana,
Commo yo a uos, conde, en el castiello de Cabra.
Quando pris a Cabra, e a uos por la barba,
Non y ouo rapaz que non messo su pulgada:
La que yo messe avn non es eguada.
Fferran Gonçalez en pie se leuanto:
A altas vozes ondredes que fablo:
Dexassedes uos, Çid, de aquesta razon:
De uuestros aueres de todos pagados sodes.
Non creçies baraia entre nos e vos:
De natura somos de condes de Carrion:
Deuiemos casar con fijas de reyes o de
    enperadores:
Ca non perteneçien fijas de ynfançones:
Porque las dexamos derecho fiziemos nos.
Mas nos preçiamos, sabet, que menos no.
Myo Çid Ruy Diaz a Pero Vermuez cata:
Ffabla, Pero Mudo, varon que tanto callas:
Hyo las he fijas, e tu primas cormanas,
A mi lo dizen, a ti dan las oreiadas.
Si yo respondier, tu non entraras en armas.
Pero Vermuez conpeço de fablar:
Detienes le la lengua, non puede delibrar,
Mas quando enpieça, sabed, nol da vagar.
Direuos, Çid, costumbres auedes tales:
Siempre en las cortes, Pero Mudo me lamades:
Bien lo sabedes que yo non puedo mas:
Por lo que yo ouier a fer por mi non mancara.
Mientes Ferrando de quanto dicho has:
Por el Campeador mucho valiestes mas:
Las tus mannas yo te las sabre contar:

Miembrat quando lidiamos çerca Valençia la grand.
Pedist las feridas primeras al Campeador leal:
Vist vn moro, fustel ensayar: antes fuxiste que al te alegasses.
Si yo non vujas el moro te jugara mal.
Passe por ti con el moro me off de aiuntar:
De los primeros colpes of le de arrancar:
Did el cauallo, toueldo en poridad:
Ffasta este dia no lo descubri a nadi.
Delant Myo Çid, e delante todos oviste te de alabar,
Que mataras el moro e que fizieras barnax.
Crouieron telo todos, mas non saben la verdad:
E eres fermoso, mas mal varragan:
Lengua sin manos, cuemo osas fablar?
Di Ferrando, otorga esta razon:
Non te viene en miente en Valençia lo del leon,
Quando durmie Myo Çid e el leon se desato?
E tu Ferrando que fizist con el pauor?
Metistet tras el escanno de Myo Çid el Campeador:
Metistet Ferrando, poro menos vales oy.
Nos çercamos el escanno por curiar nuestro sennor
Ffasta do desperto Myo Çid el que Valençia gano.
Leuantos del escanno e fues poral leon:
El leon premio la cabeça, a Myo Çid espero,
Dexos le prender al cuelo, e a la red le metio.
Quando se torno el buen Campeador
A sos vassallos, violos aderredor.
Demando por sus yernos, e ninguno non fallo.
Riebtot el cuerpo por malo e por traydor.

Estot lidiare aqui antel rey don Alfonsso
Por fijas del Çid don Eluira e donna Sol:
Por quanto las dexastes menos valedes vos.
Ellas son mugieres, e vos sodes varones:
En todas guisas mas valen que vos.
Quando fuere la lid, si ploguiere al Criador,
Tu lo otorgaras aguisa de traydor.
De quanto he dicho verdadero sere yo.
Daquestos amos aqui quedo la razon.
Diego Gonçalez odredes lo que dixo:
De natura somos de los condes mas limpios:
Estos casamientos non fuessen apareçidos
Por consograr con Myo Çid don Rodrigo.
Porque dexamos sus fijas avn no nos repentimos:
Mientra que biuan pueden auer sospiros.
Lo que les fiziemos ser les ha retraydo: esto lidiare a
    tod el mas ardido.
Que por que las dexamos ondrados somos nos.
Martin Antolinez en pie se leuantaua:
Cala, aleuoso, boca sin verdad:
Lo del leon non se te deue olbidar:
Saliste por la puerta, metistet al coral:
Ffusted meter tras la viga lagar:
Mas non vestid el manto nin el brial:
Hyo llo lidiare, non passara por al.
Ffijas del Çid por que las vos dexastes?
En todas guisas, sabed, que mas valen que vos:
Al partir de la lid por tu boca lo diras,
Que eres traydor e mintiste de quanto dicho has.
Destos amos la razon finco.
Asur Gonçalez entraua por el palaçio:
Manto armino e vn brial rastrando:

Vermeio viene ca era almorzado.
En lo que fablo avie poco recabdo.
Hya varones quien vio nunca tal mal?
Quien nos darie nueuas de Myo Çid el de Biuar?
Ffuesse a Riodouirna los molinos picar,
e prender maquilas commo lo suele far:
Quil darie con los de Carrion a casar?
Essora Muno Gustioz en pie se leuanto:
Cala, aleuoso, malo e traydor:
antes almuerzas que vayas a oraçion:
A los que das paz, fartas los aderredor.
Non dizes verdad amigo ni ha sennor,
Ffalsso a todos e mas al Criador.
En tu amistad non quiero aver raçion.
Ffazer telo dezir que tal eres qual digo yo.
Dixo el rey Alfonsso: calle ya esta razon:
Los que an rebtado lidiaran, sin salue Dios.
Assi commo acaban esta razon,
Affe dos caualleros entraron por la cort:
Al vno dizen Oiarra e al otro Yenego Simenez.
El vno es ynfante de Nauarra,
E el otro ynfante de Aragon:
Besan las manos al rey don Alfonsso:
Piden sus fijas a Myo Çid el Campeador
Por ser reynas de Nauarra e de Aragon:
E que gelas diessen a ondra e a bendiçion:
A esto callaron e ascucho toda la cort.
Leuantos en pie Myo Çid el Campeador:
Merçed, rey Alfonsso, vos sodes myo sennor:
Esto gradesco yo al Criador:
Quando me las demandan de Nauarra e de
    Aragon.

Vos las casastes antes, ca yo non.
Afe mis fijas en uuestras manos son:
Sin uuestro mandado nada non fere yo.
Leuantos el rey, fizo callar la cort:
Ruego uos, Çid, caboso Campeador,
Que plega a uos e atorgar lo he yo:
Este casamiento oy se otorge en esta cort,
Ca creçe uos y ondra e tierra e onor.
Leuantos Myo Çid, al rey las manos le beso:
Quando a uos plaze, otorgo lo yo, sennor.
Essora dixo el rey, Dios uos de den buen galardon.
A uos Oiarra, e a uos Yenego Ximenez,
Este casamiento otorgo uos le yo,
De fijas de Mio Çid don Eluira e donna Sol,
Pora los ynfantes de Nauarra e de Aragon,
Que uos las den a ondra e a bendiçion.
Leuantos en pie Oiarra, e Ynego Ximenez:
Besaron las manos del rey don Alfonsso:
E despues de Myo Çid el Campeador:
Metieron las fes, e los omenaies dados son,
Que cuemo es dicho assi sea o meior.
A muchos plaze de tod esta cort:
Mas non plaze a los ynfantes de Carrion.
Mynaya Albar Fanez en pie se leuanto:
Merçed uos pido commo a rey e a sennor,
E que non pese esto al Çid Campeador.
Bien uos di vagar en toda esta cort:
Dezir querrie ya quanto de lo myo.
Dixo el rey: plazme de coraçon.
Dezid, Mynaya, lo que ouieredes sabor.
Hyo uos ruego que me oyades toda la cort:
Ca grand rencura he de ynfantes de Carrion:

Hyo les di mis primas por mandado del rey
    Alfonsso:
Ellos las prisieron a ondra e a bendiçion:
Grandes aueres les dio Myo Çid el Campeador:
Ellos las han dexadas a pesar de nos.
Riebtos les los cuerpos por malos e por traydores.
De natura sodes de los de Vani Gomez,
Onde salien condes de prez e de valor;
Mas bien sabemos las mannas que ellos han:
Esto gradesco yo al Criador.
Quando piden mis primas don Eluira e donna Sol
Los ynfantes de Nauarra e de Aragon,
Antes las auiedes pareias pora en braços las tener,
Agora besaredes sus manos e lamar las hedes
    sennoras:
Auer las hedes a seruir mal que uos pese a uos:
Grado a Dios del çielo e aquel rey don Alfonsso.
Assi creçe la ondra a Myo Çid el Campeador.
En todas guisas tales sodes quales digo yo.
Si ay qui responda o dize de no,
Hyo so Albar Fanez pora todel meior.
Gomez Pelayet en pie se leuanto,
Que val, Minaya, toda essa razon?
Ca en esta cort afarto ha pora vos;
E qui al quissiese serie su ocasion.
Si Dios quisiere que desta bien salgamos nos,
Despues veredes que dixiestes o que non.
Dixo el rey: fine esta razon:
Non diga ninguno della mas vna entençion.
Cras sea la lid quando saliere el Sol,
Destos III por tres que rebtaron en la cort.
Luego fablaron ynfantes de Carrion:

Dandos, rey, plazo, ca cras ser non puede:
Armas e cauallos tienen los del Campeador:
Nos antes abremos a yr a tierras de Carrion.
Ffablo el rey contral Campeador:
Sea esta lid o mandaredes vos.
En essora dixo Myo Çid, non lo fare, sennor.
Mas quiero a Valençia que tierras de Carrion.
En essora dixo el rey: aosadas Campeador
Dad me uuestros caualleros con todas uuestras guarnizones:
Vayan comigo, yo ser el curiador.
Hyo uos lo sobrelieuo commo buen vassallo faze a sennor:
Que non prendan fuerça de conde nin de ynfançon.
Aqui les pongo plazo de dentro en mi cort:
A cabo de tres semanas en begas de Carrion
Que fagan esta lid delant estando yo.
Quien non viniere al plazo pierda la razon.
Desi sea vençido e escape por traydor.
Prisieron el juizio ynfantes de Carrion.
Myo Çid al rey las manos le beso e dixo: plazme sennor,
Estos mis tres caualleros en uuestra mano son:
Daqui uos los acomiendo como a rey e a sennor.
Ellos son adobados pora cumpllir todo lo so.
Ondrados me los enbiad a Valençia, por amor del Criador.
Essora respuso el rey: assi lo mande Dios.
Alli se tollio el capielo el Çid Campeador:
La cofia de rançal que blanca era commo el Sol:
E soltaua la barba e sacola del cordon.

Nos fartan de catarle quantos ha en la cort.
Adelino a el el conde don Anrrich e el conde don
      Remond:
Abraçolos tan bien e ruega los de coraçon
Que prendan de sus aueres quanto ouieren sabor.
A essos e a los otros que de buena parte son,
A todos los rogaua assi commo han sabor.
Tales ya que prenden, tales ya que non.
Los CC marcos al rey los solto:
De lo al tanto priso quant ouo sabor.
Merçed uos pido, rey, por amor del Criador.
Quando todas estas nueuas assi puestas son,
Beso uuestras manos con uuestra graçia, sennor:
E yr me quiero pora Valençia, con afan la gane yo.
El rey alço la mano, la cara se sanctiguo.
Hyo lo juro por sant Esidro el de Leon
Que en todas nuestras tierras non ha tan buen
      varon.
Myo Çid en el cauallo adelant se lego:
Ffue besar la mano a so sennor Alfonsso.
Mandastes me mouer a Bauieca el corredor.
En moros ni en christianos otro tal non ha oy.
Hy uos le do en don, mandedes le tomar, sennor.
Essora dixo el rey: desto non he sabor:
Si a uos le tollies, el cauallo non haurie tan buen
      sennor:
Mas atal cauallo cum est pora tal commo vos,
Pora arrancar moros del canpo e ser segudador:
Quien vos lo toller quisiere nol vala el Criador:
Ca por uos e por el cauallo ondrados somo nos.
Essora se espidieron, e luegos partio la cort.

El Campeador a los que han lidiar tan bien los castigo,
Hya Martin Antolinez e vos Pero Vermuez:
E Muno Guztioz firmes sed en campo a guisa de varones.
Buenos mandados me vayan a Valençia de vos.
Dixo Martin Antolinez: por que lo dezides sennor?
Preso auemos el debdo, e a passar es por nos.
Podedes oyr de muertos, ca de vençidos no.
Alegre fue daquesto el que en buen ora naçio.
Espidios de todos los que sos amigos son:
Myo Çid pora Valençia, e el rey pora Carrion.
Mas tres semanas de plazo todas complidas son.
Ffelos al plazo los del Campeador:
Cunplir quieren el debdo que les mando so sennor.
Ellos son en poder del rey don Alfonsso el de Leon.
Dos dias atendieron a ynfantes de Carrion.
Mucho vienen bien adobados de cauallos e de guarnizones:
E todos sus parientes con ellos son.
Que si los pudiessen apartar a los del Campeador
Que los matassen en campo por desondra de so sennor:
El cometer fue malo, que lo al nos enpeço:
Ca grand miedo ouieron a Alfonsso el de Leon.
De noche belaron las armas e rogaron al Criador.
Troçida es la noche, ya quiebran los albores.
Muchos se juntaron de buenos ricos omnes
Por ver esta lid ca avien ende sabor.
De mas sobre todos yes el rey don Alfonsso
Por querer el derecho e non consentir el tuerto.
Hyas metien en armas los del buen Campeador:

Todos tres se acuerdan ca son de vn sennor.
En otro logar se arman los ynfantes de Carrion:
Sedielos castigando el conde Garçi Ordonez.
Andidieron en pleyto, dixieron lo al rey Alfonsso,
Que non fuessen en la batalla las espadas taiadores
Colada e Tizon, que non lidiassen con ellas los del
 Campeador.
Mucho eran repentidos los ynfantes por quanto
 dadas son.
Dixieron gelo al rey, mas non gelo conloyo.
Non sacastes ninguna quando ouiemos la cort.
Si buenas las tenedes, pro abran a uos:
Otro si faran a los del Canpeador.
Leuad e salid al campo, ynfantes de Carrion:
Huebos vos es que lidiedes a guisa de varones:
Que nada non mancara por los del Campeador.
Si del campo bien salides, grand ondra auredes
 vos;
E ssi fueres vençidos non rebtedes a nos:
Ca todos lo saben que lo buscastes vos.
Hya se uan repintiendo ynfantes de Carrion,
De lo que auien fecho mucho repisos son.
No lo querrien auer fecho por quanto ha en
 Carrion.
Todos tres son armados los del Campeador.
Hyua los ver el rey don Alfonsso.
Dixieron los del Campeador:
Besamos vos las manos commo a rey e a sennor,
Que fiel seades oy dellos e de nos:
A derecho nos valed, a ningun tuerto no
Aqui tienen su vando los ynfantes de Carrion.
Non sabemos ques comidran ellos o que non.

En uuestra mano nos metio nuestro sennor:
Tenendos a derecho por amor del Criador.
Essora dixo el rey: dalma e de coraçon.
Aduzen les los cauallos buenos e corredores:
Santiguaron las sielas e caualgan a vigor:
Los escudos a los cuellos que bien blocados son:
En mano prenden las astas de los fierros taiadores:
Estas tres lanças traen senos pendones,
E derredor dellos muchos buenos varones.
Hya salieron al campo do eran los moiones.
Todos tres son acordados los del Campeador,
Que cada vno dellos bien fos ferir el so.
Ffeuos de la otra part los ynfantes de Carrion,
Muy bien aconpannados ca muchos parientes son.
El rey dioles fieles por dezir el derecho e al non,
Que non varagen con ellos de si o de non.
Do sedien en el campo fablo el rey don Alfonsso:
Oyd que uos digo, ynfantes de Carrion:
Esta lid en Toledo la fizierades, mas non quisiestes vos:
Estos tres caualleros de Myo Çid el Campeador
Hyo los adux a saluo a tierras de Carrion.
Aued uuestro derecho, tuerto non querades vos:
Ca qui tuerto quisiere fazer, mal gelo vedare yo:
E todo myo reyno non aura buena sabor.
Hya les va pesando a los ynfantes de Carrion.
Los fieles e el rey ensennaron los moiones.
Librauan se del campo todos aderredor:
Bien gelo demostraron a todos VI commo son,
Que por y serie vençido qui saliesse del moion.
Todas las yentes esconbraron aderredor
De VI astas de lanças que non legassen al moion.

Sorteauan les el campo, ya les partien el Sol:
Salien los fieles de medio ellos, cara por cara son.
Desi vinien los de Myo Çid a los ynfantes de Carrion,
E llos ynfantes de Carrion a los del Campeador.
Cada vno dellos mientes tiene al so.
Abraçan los escudos delant los coraçones:
Abaxan las lanças abueltas con los pendones:
Enclinauan las caras sobre los arçones:
Batien los cauallos con los espolones:
Tembrar querie la tierra dod eran mouedores.
Cada vno dellos mientes tiene al so.
Todos tres por tres ya juntados son
Cuedan se que essora cadran muertos los que estan aderredor.
Pero Vermuez el que antes rebto,
Con Ferran Gonçalez de cara se junto:
Firiensse en los escudos sin todo pauor:
Fferran Goçalez a Pero Vermuez el escudol passo:
Prisol en vazio, en carne nol tomo:
Bien en dos logares el astil le quebro:
Ffirme estido Pero Vermuez, por esso nos encamo:
Vn colpe reçibiera, mas otro firio:
Quebranto la boca del escudo, apart gela echo:
Passo gelo todo que nada nol valio:
Metiol la lança por los pechos que nada nol valio:
Tres dobles de loriga tenie Fernando, aquestol presto.
Las dos le desmanchan, e la terçera finco,
El belmez con la camisa e con la guarnizon
De dentro en la carne vna mano gela metio:
Por la boca afuera la sangrel salio.

Quebraron le las çinchas, ninguna nol ouo pro:
Por la copla del cauallo en tierra lo echo.
Assi lo tenien las yentes que mal ferido es de muert.
El dexo la lança, e al espada metio mano.
Quando lo vio Ferran Goçalez, conugo a Tizon.
Antes que el colpe esperasse dixo: vençudo so.
Atorgaron gelo los fieles, Pero Vermuez le dexo:
Martin Antolinez e Diego Gonçalez firieron se de las lanças:
Tales fueron los colpes que les quebraron lanças:
Martin Antolinez mano metio al espada:
Relumbra tod el campo: tanto es limpia e clara:
Diol vn colpe, de trauiessol tomaua:
El casco de somo apart gelo echaua:
Las moncluras del yelmo todas gelas cortaua:
Alla leuo el almofar, fata la cofia legaua.
La cofia e el almofar todo gelo leuaua:
Raxol los de la cabeça, bien a la carne legaua.
Lo vno cayo en el campo e lo al suso fincaua.
Quando este colpe a ferido Colada la preçiada,
Vio Diego Gonçalez que no escaparie con el alma.
Boluio la rienda al cauallo por tornasse de cara.
Essora Martin Antolinez reçibiol con el espada:
Vn colpel dio de lano, con lo agudo nol tomaua.
Hya Gonçalez espada tiene en mano, mas non la ensayaua.
Esora el ynfante tan grandes voces daua:
Valme, Dios glorioso, Sennor, e curiam deste espada.
El cauallo asorrienda e mesurandol del espada,

Sacol del moion: Martin Antolinez en el campo fincaua.
Essora dixo el rey: venid uos a mi companna:
Por quanto auedes fecho vençida auedes esta batalla.
Otorgan gelo los fieles, que dize verdadera palabra.
Los dos han arrancado: direuos de Muno Gustioz
Con Assur Gonçalez commo se adobo:
Ffirienssen en los escudos vnos tan grandes colpes:
Assur Gonçalez furçudo e de valor
Ffirio en el escudo a don Munno Gustioz.
Tras el escudo falsso ge la guarnizon:
En vazio fue la lança, ca en carne nol tomo.
Este colpe fecho, otro dio Muno Gustioz
Tras el escudo falsso ge la guarnizon.
Por medio de la bloca del escudo quebranto.
Nol pudo guarir, falsso ge la guarnizon.
Apart le priso, que non cabel coraçon.
Metiol por la carne adentro la lança con el pendon.
De la otra part vna braça gela echo:
Con el dio vna tuerta, de la siella lo encamo,
Al tirar de la lança en tierra lo echo.
Vermeio salio el astil e la lança e el pendon.
Todos se cuedan que ferido es de muert,
La lança recombro e sobrel se paro.
Dixo Gonçalo Assurez: nol firgades por Dios.
Vençudo es el campo quando esto se acabo.
Dixieron los fieles: esto oymos nos.
Mando librar el campo el buen rey don Alfonsso.
Las armas que y rastaron el se las tomo.
Por ondrados se parten los del buen Campeador:

Vençieron esta lid, grado al Criador.
Grandes son los pesares por tierras de Carrion.
El rey a los de Myo Çid de noche los enbio:
Que no les diessen salto nin ouiessen pauor.
Aguisa de menbrados andan dias e noches.
Ffelos en Valençia con Myo Çid el Campeador.
Por malos los dexaron a los ynfantes de Carrion.
Conplido han el debdo que les mando so sennor.
Alegre ffue daquesto Myo Çid el Campeador.
Grant es la biltança de ynfantes de Carrion.
Qui buena duenna escarneçe e la dexa despues,
Atal le contesca o siquier peor.
Dexemos nos de pleytos de ynfantes de Carrion:
De lo que an priso mucho an mal sabor.
Ffablemos nos daqueste que en buen ora naçio.
Grandes son los gozos en Valençia la mayor
Porque tan ondrados fueron los del Campeador.
Prisos a la barba Ruy Diaz so sennor:
Grado al rey del çielo, mis fijas vengadas son.
Agora las ayan quitas heredades de Carrion:
Sin vergüença las casare o a qui pese o a qui non.
Andidieron en pleytos los de Nauarra e de Aragon:
Ouieron su aiunta con Alfonsso el de Leon:
Ffizieron sus casamientos con don Eluira e con donna Sol.
Los primeros fueron grandes, mas aquestos son miiores.
A mayor ondra las casa que lo que primero fue.
Ved qual ondra creçe al que en buen ora naçio,
Quando sennoras son sus fijas de Nauarra e de Aragon.
Oy los reyes despanna sos parientes son.

Todos alcançan ondra por el que en buen era
 naçio.
Passado es deste sieglo el dia de cinquesma
De Christus aya perdon.
Assi ffagamos nos todos iustos e peccadores.
Estas son las nueuas de Myo Çid el Campeador.
En este logar se acaba esta razon.
Quien escriuio este libro del Dios parayso, amen.
Per abbat le escriuio en el mes de mayo
En era de mill e CC XL.V. annos es el romanz
Ffecho: dat nos del vino si non tenedes dinneros
Ca mas podre, que bien vos lo dixieron labielos.

Libros a la carta

A la carta es un servicio especializado para
  empresas,
  librerías,
  bibliotecas,
  editoriales
  y centros de enseñanza;
  y permite confeccionar libros que, por su formato y concepción, sirven a los propósitos más específicos de estas instituciones.

Las empresas nos encargan ediciones personalizadas para marketing editorial o para regalos institucionales. Y los interesados solicitan, a título personal, ediciones antiguas, o no disponibles en el mercado; y las acompañan con notas y comentarios críticos.

Las ediciones tienen como apoyo un libro de estilo con todo tipo de referencias sobre los criterios de tratamiento tipográfico aplicados a nuestros libros que puede ser consultado en Linkgua-ediciones.com.

Linkgua edita por encargo diferentes versiones de una misma obra con distintos tratamientos ortotipográficos (actualizaciones de carácter divulgativo de un clásico, o versiones estrictamente fieles a la edición original de referencia).

Este servicio de ediciones a la carta le permitirá, si usted se dedica a la enseñanza, tener una forma de hacer pública su interpretación de un texto y, sobre una versión digitalizada «base», usted podrá introducir interpretaciones del texto fuente. Es un tópico que los profesores denuncien en clase los desmanes de una edición, o vayan comentando errores de interpretación de un texto y esta es una solución útil a esa necesidad del mundo académico.

Asimismo publicamos de manera sistemática, en un mismo catálogo, tesis doctorales y actas de congresos académicos, que son distribuidas a través de nuestra Web.

El servicio de «libros a la carta» funciona de dos formas.

1. Tenemos un fondo de libros digitalizados que usted puede personalizar en tiradas de al menos cinco ejemplares. Estas personalizaciones pueden ser de todo tipo: añadir notas de clase para uso de un grupo de estudiantes, introducir logos corporativos para uso con fines de marketing empresarial, etc. etc.

2. Buscamos libros descatalogados de otras editoriales y los reeditamos en tiradas cortas a petición de un cliente.

www.ingramcontent.com/pod-product-compliance
Ingram Content Group UK Ltd.
Pitfield, Milton Keynes, MK11 3LW, UK
UKHW042002230426
12048UKWH00009B/506